解讀易經的奧祕　卷十一

易經由象數推理。

風靡中國十億人口
知名大師

曾仕強　劉君政
教授◎著述

國家圖書館出版品預行編目資料

解讀易經的奧祕. 卷11, 易經由象數推理 /
曾仕強 劉君政 著述. 陳祈廷 編著.
-- 初版. -- 臺北市：曾仕強文化, 2016.12
面； 公分
ISBN 978-986-92140-8-7（平裝）
1.易經 2.研究考訂
121.17 105021043

解讀易經的奧祕・卷11

易經由象數推理

作　者	曾仕強 劉君政
發行人	廖秀玲
編　著	陳祈廷
總編輯	陳祈廷
行銷企劃	邱俊清
主　編	林雅慧
出版者	曾仕強文化事業有限公司
地　址	台北市中正區重慶南路一段57號8樓之14
服務專線	＋886-2-2361-1379　＋886-2-2361-2258
服務傳真	＋886-2-2331-9136
版　次	2016年12月一刷
I S B N	978-986-92140-8-7
定　價	新台幣400元

【作者簡介】

曾仕強 教授

英國萊斯特大學管理哲學博士，歷任台灣交通大學教授、興國管理學院首任校長、台灣師範大學教授、人類自救協會創會理事長、新人類文明文教基金會榮譽董事長。

曾教授學貫古今，數十年來醉心於中華文化和西方現代管理哲學之研究，在國學、企管、哲學、教育等諸多領域上，皆有極高深的造詣。三十年前，世界五百強企業尚無中國企業能躋身其間，曾教授便已洞察趨勢，率先提倡「中國式管理」學說，被譽為「中國式管理之父」。迄今，曾教授已巡迴全球，完成逾五千場以上之演講，為臺灣生產力中心調查「最受企業界歡迎的十大講師」之一。

近年來，曾教授應大陸中央電視台邀請，至「百家講壇」節目，主講「經營之神胡雪巖的啟示」、「易經與人生」等主題，收視率勇奪全國之冠；二〇〇九年主講「易經的奧祕」系列；二〇一一～二〇一二年主講「易經的智慧」、「點評三國演義」；二〇一二年主講「道德經的奧祕」、「道德經的玄妙」，內容風靡全中國，不僅掀起一股國學復興浪潮，更被評選為第一名的國學大師。

曾教授著作有：《易經真的很容易》、《易經的乾坤大門》、《人人都不了了之》、《中國式管理》、《道德經的奧祕》……等數十本，其中《易經的奧祕》銷售量已突破五百萬冊，高居台灣與大陸各大書店文史哲類暢銷排行榜總冠軍。

劉君政 教授

美國杜魯門州立大學教育行政碩士，台灣師範大學教育學士。

歷任台灣師範大學、彰化師範大學、高雄師範大學教授，胡雪巖教育基金會理事。

前言——代序

古聖先賢，從研究自然法則，發展到人事措施，確立天人合一的原則。又以簡易的方法，藉由象、數、理的連鎖作用，闡明宇宙的變易規律，歸納出人類不易的經營守則。教我們持經達變、隨時隨地、因人因事，找出合理的因應方式。務求同心協力，創造出悠久燦爛的文明。

〈繫辭上傳〉指出：「是故易有太極，是生兩儀，兩儀生四象，四象生八卦，八卦定吉凶，吉凶生大業。」太極為一，兩儀為二，四象為四，而八卦為八。以至於一卦有六爻，六十四卦共有三百八十四爻。這些數字，都稱之為「數」。有了這些「數」，才逐一顯現出不一樣的「象」。把「象」和「數」合在一起觀察、想像、體悟，自然能夠明白背後有「陰、陽、時、位」四大條件所構成的關係，成為我們常說的「道理」。也就是事物演化的必然性，可以用來預測，並做好防患未然的合理措施。

我們就《易經》的卦來看：上經自乾（䷀）、坤（䷁）到坎（䷜）、離（䷝），共有三十卦；下經由咸（䷞）、恆（䷟）到既濟（䷾）、未濟（䷿），共有三十四卦。為什麼《易經》講求均衡，卻不將上、下經的數目調整一下，變成各三十二卦呢？

原來上經三十卦當中，有六卦正反不變，也就是綜卦和本卦一模一樣，沒有什麼變化，包括：乾（䷀）、坤（䷁）、頤（䷚）、大過（䷛）、坎（䷜）、離（䷝）。而正反變一卦，也就是互為綜卦的，有：屯（ㄓㄨㄣ）（䷂）、蒙（䷃）；需（䷄）、訟（䷅）；師（䷆）、比（䷇）；小畜（䷈）、履（䷉）；泰（䷊）、否（䷋）；同人（䷌）、大有（䷍）；謙（䷎）、豫（䷏）；隨（䷐）、蠱（䷑）；臨（䷒）、觀（䷓）；噬嗑（䷔）、賁（䷕）；剝（䷖）、復（䷗）；无妄（䷘）、大畜（䷙）等十二卦，加起來共有十八卦。

再看下經，正反不變的，有：中孚（䷼）、小過（䷽）兩卦。其餘的都屬於正反變一卦，分別為咸（䷞）、恆（䷟）；遯（䷠）、大壯（䷡）；晉（䷢）、明夷（䷣）；家人（䷤）、睽（䷥）；蹇（䷦）、解（䷧）；損（䷨）、益（䷩）；夬（䷪）、姤（䷫）；萃（䷬）、升（䷭）；困（䷮）、井（䷯）；革（䷰）、鼎（䷱）；震（䷲）、艮（䷳）；漸（䷴）、歸妹（䷵）；豐（䷶）、旅（䷷）；巽（䷸）、兌（䷹）；渙（䷺）、節（䷻）；既濟（䷾）、未濟（䷿）等十六卦，加起來也剛好是十八卦。

自然所重視的，應該是實質的平衡，而不是形式的平等。表面上看起來，上經三十卦、下經三十四卦，上經比下經少四卦，數量並不相等。實際上則各自調整為十八卦，合起來三十六卦，正好配合三百六十度周天的宇宙。我們常說「三十六計，走為上策」，很可能與此有關。

《易經》的數是活的，富有彈性，而不是死的、固定的。我們很喜歡說「一切有定數」，真實的意思是「在未定之前，是可以變動的；一旦有了結果，就成為不變的定數」。定數含有可以改變的因子，是易數的特色。所以〈繫辭上傳〉說：「參伍以變，錯綜其數。」大寫的「參」和「伍」，比小寫的「三」和「五」，具有更多的涵義和作用。在我們的成語中，三和五的組合很多，譬如：

「三三五五」，表示人群集結。三三五五散亂而處，又稱「三五成群」。「三令五申」，表示發佈禁令之後，接著再三嚴為告誡，也說成「三申五令」。「三回五次」，表示屢次如此。「三年五載」，泛指三至五年之間。「三皇五帝」，皆是聖德的賢王。「三朝五日」，也就是三、五日。「三綱五常」，以君臣、父子、夫婦為三綱，以仁義禮智信為五常。「參伍以變」，便是三番五次、反反復復地演變，使數交錯綜合。換一個角度，天的數字象徵，有一、三、五、七、九，共五個奇數；地的數字象徵，也有二、四、六、八、十，共五個偶數。把這五個奇數和五個偶數，滲合起來，產生很多很多變化。然而，再錯綜複雜的變化，也不過是五個奇數和五個偶數的滲和，實在非常神妙！

數是八卦的基礎，陽（⚊）是一，陰（⚋）是二，三爻成卦即為三。⚊為奇數，代表天；⚋是偶數，代表地。排列組合成為八卦，使人聯想起萬物的分類。乾為天為父，坤為地為母；震是雷，為長子；巽為風，是長女；坎為水，是中男……逐漸擴大象徵的事物，竟然可以涵蓋整個大自然。觀象製器，增加了象數的實用價值。周文王心中有數，就用六十四種不同的卦象，分別訂定卦名，並給予卦辭和爻辭，以說明所以如此的道理。孔子同樣心中有數，撰寫〈易傳〉以闡述儒家的道理。後來道家、陰陽家的觀念，也都借題發揮。我們從上下經和十翼當中未嘗提及五行，可以推知易和五行，沒有什麼關係。但是五行象徵生命過程中五種基本動態：火代表炎上；水代表潤下；木代表伸展；金代表收斂；而土代表中和。這五種行動力合稱五行。既然是自然的現象，就不能不包括在易學之中。五行有相生相剋的性質：木生火、火生土、土生金、金生水、水生木，稱為相生；木剋土、土剋水、水剋火、火剋金、金剋木，便是相剋。生剋也是循環不息，有如陰陽二性的流行。五行的和合，與人生有密切關係。後來加上天干地支的紀年法，以甲、乙、丙、丁、戊、己、庚、辛、壬、癸十天干，和子、丑、寅、卯、辰、巳、午、未、申、酉、戌、亥十二地支循環相配，可以配成六十組，通稱為六十甲子，用以表示年曆。每六十年為一甲子，週而復始。民間流行的命相家，專論生命干支的五行，稱為算命；專論各人相貌的五行，便是看相。但易學專論陰陽，即使能夠觀察人的陰陽，而如何立身、致富，卻從來就不曾論及。

我們不可能否定命相，也沒有能力判斷真假，但可以把它當做是學習《易經》之後，隨著各人喜好而延伸的研究課題。也就是說，並不是每一個學習《易經》的人，都必須涉及命理。因為自古以來，儒家主張「盡人事以聽天命」，認為無人事便無天命可言。命不可先知，必待克盡人力之後，才能知命。像孔子那樣高明，尚且五十歲才知天命，何況一般大眾？道家認為任何事的結果，都不是人力所能決定，最好安之若命，才能面臨大難而不懼。但是墨子非命，反對相信命，以免廢事。認為人本來就有惰性，好吃而懶做，不肯辛苦努力，信命不過是懶人替自己找到一種解嘲的說法，有害於人，必須加以反對。雖然各種言論眾說紛云，但卻不約而同地指出：相信道德，遠比信命可靠。回歸易學的基本面，可見人性相近，最終是一致的：相信命運不如自己提升道德修養。

儒家的易學，經過哲學化的過程。民間的周易，保留了筮術的大部分面目。六經之首的《易經》，成為儒家道德的重要經典。而陰陽、五行與天干、地支結合起來，成為三位一體的醫卜星相，有正有邪，有是也有非，搞出種種花樣，令人莫測高深。但顯然支配著一般民眾，勢力十分龐大。

我們認為象數和義理，都是易學的基本要素。兩者必須合在一起，才合乎「一陰一陽之謂道」。倘若分開來看，勢必各執一端，難免愈走愈偏。不論如何，都不合乎兼顧並重的要求。易學以象數示人，目的在透過象數的展示，表現豐富而精妙的義理內涵。我們觀察象數，必須用心體會，參悟出背後所看不見的義理。有所得之後，還要在日常生活當中，經由實踐來獲得驗證。這種由象數推理的作用，才是易學的根本大用，也是玩賞領會的真正目的。

現代人重視資訊和數據，透過知識及經驗，並配合觀象與實際，來進行判斷推理，因此達成共識、做出決策，便是易學在現代社會中的普遍運用。在束手無策的情況下，借助卜卦、算命、看相做為輔助工具。只要不喧賓奪主、養成依賴的不良習慣，實在也是無可厚非的方法。多一種參考，有什麼不好？但是不問蒼生信鬼神，畢究不值得大家予以鼓勵。我們還是要以象數理的連鎖作用，做為人生的主軸。祈願各界先進朋友，多加賜教為幸。

曾仕強
劉君政
謹識於台灣師範大學

編者序

某日，學生子張向孔夫子請教：「十個朝代以後的事，是可以預知的嗎？」孔子篤定地回答：「雖百世，可知也。」意思是說，即使一百年後的事情，都是可以清楚預知的。

我們都知道，孔子是一位不妄言，也不語怪、力、亂、神的至聖，還主張要敬鬼神而遠之。那麼，不和天神地鬼打交道的他，如何確信自己能「十世可知」？甚至還主動加碼到「百世可知」呢？原因就在於孔子的「知」並非神通，而是透過推論、推理的過程所得到的合理結果。熟讀《易經》而有所悟的他，明白舉凡宇宙間的種種變化，其實都只是象、數、理環環相扣所產生的連鎖效應——理是象與數合起來所得到的規律，而數與象兩者都離不開理。換句話說，只要心中有數，繼而觀象明理，又能窮理推數，也就不難推導出八九不離十的結果了。

曾教授也告訴我們：《易經》中的象和數，是變化的現象，而《易經》中的理，則是存在於變化背後，那個永恆不變的規律。我們學習《易經》，就是要透過變化的現象，掌握背後那個永恆不變的規律。把象和數合在一起觀察、想像、體悟，自然能夠明白背後有「陰、陽、時、位」四大條件所構成的關係，成為我們常說的道理，也就是事物演化的必然性，可以用來預測，並做好防患未然的合理措施。

本書中，曾教授藉由「觀、臨、遯、大壯」這四卦，剖析如何實際透過觀賞卦象來觀象明理；玩賞卦爻辭以探究卦的根本意義；推各爻變以培養知機應變的憂患意識；觀變玩占以明瞭吉凶悔吝的道理。最後，還要能將領悟到的心得，真正發揮落實於日常生活的行動之中，做到學以致用、以易學提升自我的功能，如此才是研讀易學的最大收穫所在。

曾仕強文化總編輯　陳祈廷

目錄

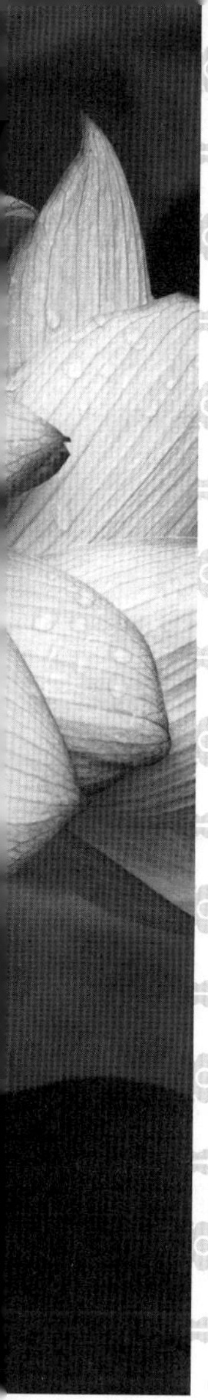

《第一章》

數為什麼具有神祕性？

如果數只有計算的功能，
不過是一種用來數算事物的工具。

但是，數還有非數學的特殊屬性，
可以推究造化之原、性命之理，十分神祕。

計算功能，發展為現代的數學，
神祕性質，則被用以算命、看相、看風水、取名。

《易經》八卦，只是單純的陰陽消長，
加上五行學說，才有相生相剋的變化。

數有日常生活的用途，也可以神用，
要不要相信、信到什麼地步？悉聽尊便。

但是，自作自受，是人生不易的規律，
各人斟酌選擇時，最好想一想後果，必須自作自受。

一、數不離物而物也不離數

數有兩種功能：一為計算，一為非計算，顯然合乎「一陰一陽之謂道」。數的計算功能，我們相當熟悉。一、十、百、千、萬，是計算事物的單位，透過九九乘法表的妙用，可以快速地進行運算。但是非計算功能，就很不容易說得清楚，它能夠探究造化的原理，以及性命的道理，難怪十分神祕。《周易》的筮法，是通過五十支蓍草所推演出來的數目，形成卦象，來推斷人事的吉凶。〈繫辭上傳〉說：「極數知來之謂占。」「極數」便是極盡陰陽消長的數，也就是由七之九，由八之六的數，演為卦象。並且依象推理，鑑往知來，以預測未來的變化。七為少陽，九即老陽，由七之九，便是由少陽變成老陽；八為少陰，六即老陰，而由八之六，也就是由少陰變老陰。當然還有由九變八，老陽變少陰；由六變七，老陰變少陽。種種數的演化，都屬於非計算功能。

《說文解字》是我國語言學的一部重要著作，它對一到十的解釋，便是我們常說的數的表物意義。因為數不離物，缺乏物的表象，我們很難看出數來。但是，所有事物，都離不開數，沒有數就成不了象。舉凡宇宙的起源、天地的演化、萬物的生成、人事的變化，可以說自始至終，由終復始，都與數分不開。數的表物意義，實際上比《說文解字》所言及的更為豐富許多。不過，我們仍然以八卦的基本作用是陰陽，而代表陰陽的數字是九六，做為易數的根本。再推及相關的數，依據各人研究易學的心得，按部就班，一步一步地擴大。應該比較安全有效，而且合乎《易經》的要求。

《說文解字》對「一到十」的解釋：

一、惟初太極，道立於一，造分天地，化成萬物。

二、地之數也。

三、數名，天地人之道也。於文一耦二為三，成數也。

四、陰數也，象四分之形。

五、五行也，從二，陰陽在天地間交午也。

六、易之數，陰變於六，正於八。

七、陽之正也，從一，微陰從中衺出也。

八、別也，象分別相背之形。

九、陽之變也，象其屈曲究盡之形。

十、數之具也。一為東西，丨為南北，則四方中央備矣。

二・數始於一終於十成於三

太史公司馬遷在《史記・律書》寫下這麼一段話：「數始於一，終於十，成於三。」由於我們兩隻手掌共有十個根手指頭，所以很容易以十進制做為計算數目的基準。十進制從一數到十，始於一而終於十，是很自然的事實。但為什麼說「成於三」呢？我們常說「無三不成禮」，有關於「三」的成語也很多，譬如：「三十而立」，活到三十歲，應該確立做人做事的原則；「三十有室」，男性到了三十歲，應該要有妻室；「三人成眾」，三個人聚集在一起，便稱為眾；「三人成虎」，原本沒有老虎，經過三個人的訛傳，大家也會信以為真；「三心兩意」，表示心志猶豫不定；「三戶亡秦」，比喻人心不死，復國有望；「三世之交」，表示兩家祖父、父、子三代，都是好友；「三生有幸」，表示前生、此生、來生，都有這樣的大幸；「三生有緣」，便是幾世修來的緣份；「三年有成」，表示三年之內，必有成就；「三顧茅蘆」，代表誠心誠意邀請；「三足鼎立」，表示三人或三國互不相下，有如鼎的三足般相對共立；「三思而行」，代表行事之前，務必慎重思慮。原始人用火，上有容器，下面要有生火的設備，當時最方便而實用的材料，應該是石塊和木料。用兩塊石頭根本放不穩，擺太多石塊又很不方便，試來試去，三塊石頭剛剛好，既有空隙放置木料和通風，上面放置容器又很安穩，因此「成於三」的概念，倘若是由此而生，應該十分自然。因此，我們也可推論伏羲氏畫卦，畫到三畫卦為止，也是數「成於三」的實際操作。因為自古以來，凡是知行合一、即知即行的事實，大多是從向自然學習中所獲得的。

原始人類用火，以三塊石頭安置容器

↓

從此有了數成於三的概念

↓

逐漸發現天地間事物，都以三來組合：

天地人、日月星、父母子、真善美，
上中下、身心靈、精氣神、象數理。

↓

原來伏羲氏是從男（⚊）女（⚋）交合，而生出子女，
悟出人類從（⚊）之中分出男（⚊）、女（⚋），即「一分為二」，
而男女結合，即「二合為一」，才能發展出三（子女）。

↓

三位一體：父在母內，子在母內，父在子內，
三人都有十分密切的關係。

三、始於一表示取正於太極

〈繫辭下傳〉說：「吉凶者，貞勝者也；天地之道，貞觀者也；日月之道，貞明者也；天下之動，貞夫一者也。」

這當中有一個關鍵字，即為「貞」。「貞」在《易經》裡，原本是「卜問」的意思。「利貞」，表示利於卜問；「可貞」，便是可以卜問；「不可貞」，那就不可以卜問。「利女貞」，表示利於女性卜問；「利君子貞」，便是有利於君子卜問。後來「貞」轉成「正」的意思。「貞勝」表示貞正才能致勝；「貞觀」便是保持貞正才能為大家所樂於觀瞻。吉凶的結果，是守正與否的呈現。天地互動的道理，說明守正是觀瞻、敬仰的對象。日月運行的規律，表示貞正所發出的光明。歸結起來，天下萬事萬物的一切活動，都應該堅守太極（一）的貞正。

「始於一」的深一層用意便是「慎始」。一開始便堅持正的方向，採取正的方法，而且表現出正的方式。以「大學」所說的「止於至善」為目標，務求「乾道變化，各正性命，保合大和，乃利貞。」隨著乾卦所象徵的陽剛之氣，做出「潛、現、惕、躍、飛、亢」的合理階段性調整，使萬物各自得到合適的稟性和特質，經常保持和諧的氣氛，以期擁有貞正的生命，處於有利的狀態。「止於至善」的「止」，並非靜止的，而是動態的。因為善的情況，也是變動的，保持動態的均衡，才能夠永不止息。一開始就要對準善的目標，保持正當、正常的心態。這樣的始於一，便是效法太極的精神，取正於乾元和坤元的密切配合，達到「致中和」的境界，才有可能「貞夫一者也」，堅持陰陽互動的合理途徑。

止於至善（《大學》）

「止」是變動的立場，當立場改變時，善的標準便隨著改變。
貞正的方向不變，但所走的道路可以隨時空而制宜。

↑

知止，表示明白自己應盡的責任

為人君，止於仁。為人臣，止於敬。為人子，止於孝。為人父，止於慈。
表示不同的角色扮演，就應該負起當盡的責任。

↑

始於一

慎始，一開始就要效法太極的動，守規律而貞正。
人人取正於太極，才不會辜負上天的好生之德。

四．七進位和十進位的混用

《漢書．律曆志》記載：「自伏羲畫八卦，由數起」。從甲骨文及古金器文的「七」，都是寫成「十」的字樣，我們可以推測出，古人必然經歷了一段「七進位」的漫長歲月。那時候的數，始於「一」而終於「七」。所以復卦（䷗）卦辭說：「七日來復」，以數字「七」為終極。既濟卦（䷾）六二爻辭：「勿逐，七日得。」其中所說的「七日」，顯然有週期的意味。若是以十進位計算，很可能改成「十日得」。八卦記數，以乾（☰）為三，坤（☷）為六，然後艮（☶）復為一，巽（☴）為二，離（☲）為四，坎（☵）為五，震（☳）反艮（☶）為一〇，兌（☱）反巽（☴）為二〇。倘若如此，怎麼出現了「八卦」的稱呼呢？有了「八」這個數字，「七」就不再是終結的數目。是不是在十進位以後，才有八卦的名稱呢？關於這點我們不敢肯定，但事實應該是這樣才合理。

商周時代十進位已經通行，但是過去的七進位，是不是完全變更過來，恐怕誰也無法確定。對於《易經》所說的數目，最好能依據〈繫辭下傳〉的原則：「不可為典要，唯變所適。」因為一不必固定為一，可以生二，也能夠生三；三未必就是三，也可以用來表示一段期間或多次；七可能表示週期，也可以看成比三更長的期間；十年也不一定非十年不可，經常是用來形容一段很長的期間。

用來計算的數，理當務求精確，不該具有彈性；但非計算的數，並不屬於科學的數，可以說成哲學的數，就應該具有彈性，才能靈活運用。真正懂得「差不多」道理的人，有必要精確時，要做到分毫不差；不必要精確時，就必須彈性應變。反觀現代人樣樣追求精確，豈非違反了「一陰一陽之謂道」的原則嗎？

易數演化的三大階段

二進位

易有太極（一）
是生兩儀（二）
一畫開天（一）
分陰分陽（二）
━為一，
╍為二。

七進位

數始於一，
終於七。
七日來復，
為一週期。
七天為一星期，
迄今仍然保持。

十進位

數始於一，
終於十，
而成於三。
六六大順，
逢七必變，
無三不成禮。

凡走過的必留下痕跡，
現代我們所看到的易數，
其中仍有一些混用的情形。

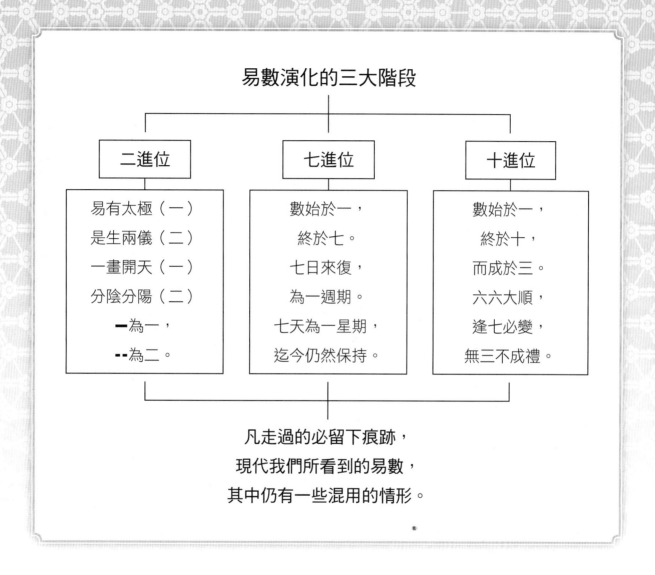

五．天地陰陽以及大衍之數

〈繫辭上傳〉說：「天一、地二、天三、地四、天五、地六、天七、地八、天九、地十。」明白指出天為奇、地為偶。在一至十之中，共有五個奇數：一、三、五、七、九，都是天數；另外也有五個偶數：二、四、六、八、十，都稱為地數。

伏羲氏畫卦，以⚊（一畫）為陽，⚋（兩畫）為陰。於是陽為奇、陰為偶，使陰陽之數和奇偶之數相合。也就是天地、奇偶、陰陽三種說法，取得一致。一、三、五、七、九這五個天數加一起，總和二十五，仍屬奇數；二、四、六、八、十這五個地數加在一起，總和三十，還是偶數。天數和地數加在一起，總數五十五，為奇數。太極一畫開天，實際上是陽統陰，相當於天地的總合，所以也是奇數。天地陰陽，用奇偶表示。乾（☰）、震（☳）、坎（☵）、艮（☶）四陽卦，計算起來都是奇數。乾三畫，其餘均為五畫。坤（☷）六畫，巽（☴）、離（☲）、兌（☱）都是四畫，所以都稱為陰卦。

〈繫辭上傳〉又說：「大衍之數五十，其用四十有九。」古人占筮時，用五十根蓍策（蓍草是一種堅韌的植物，採用莖部做成畫策，稱為蓍策），透過一定的方式，把所求的卦畫出來，然後進行解說（其中的奧妙，我們留待易占時再行說明）。「大衍之數五十」，便是演蓍之數。為什麼不用天地之數五十五，卻以五十為準呢？很可能和我們常說的「六六大順、逢七必變」有關。求的是六畫卦，演化的過程卻非變不可，所以用七七四十九做為基準，另外加上太極做為導引，正好是五十整數。四十九象徵太極之動，五十為未動。

易數三大項目

天地之數	陰陽之數	大衍之數
天一、地二、天三、地四、天五、地六、天七、地八、天九、地十。 天數總和二十五， 地數總和三十。 天數為奇， 地數為偶。	一三五七九， 為陽數。 二四六八十， 為陰數。 陽數為奇， 陰數為偶。 天地即陽陰。	大衍之數五十， 由七七四十九而來。 六六大順，逢七必變。 畫為六爻，期望能大順， 七七四十九，變之又變。 一為太極， 餘四十九開始演化。

相互為用，變化無窮

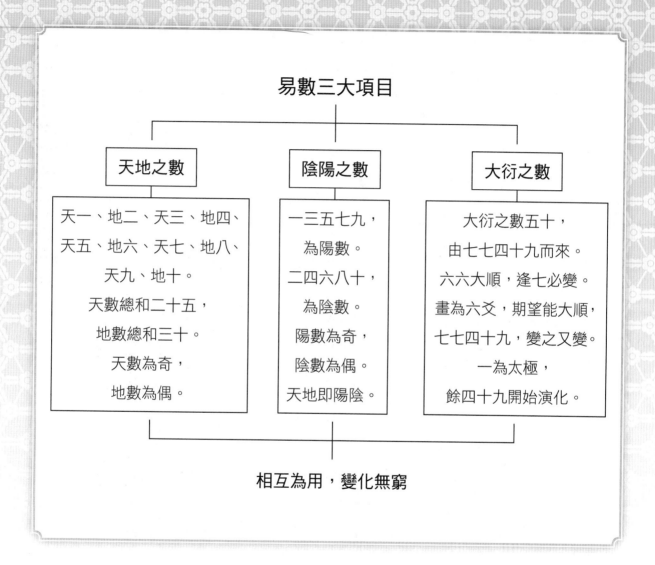

六・自然的數後來才被神用

先民用數，應該是居於日常生活的需要，偏重計算性，也就是實用性。然而「一陰一陽之謂道」，數的非計算性，也可以稱為神祕性，必然隨著實用性的發展而日愈重要。把數看成先天的客觀因素，譬如定數、命數、天數、運數，配合《易經》中的吉、凶、悔、吝等占斷用語，便在民間廣為流傳。有的主張「三主生、五主殺」，以「三」為吉數，而視「五」為凶數。有的認為「一為吉而九為凶」、「三為祥而七為災」，把數和吉凶連結在一起，不能說成實用，只能列入神用。

由於太極生兩儀、兩儀生四象、四象生八卦的系統，不但廣大包容，而且靈活巧妙。所以五行、天干、地支的數，都說成是易學的一部分，令人難以割捨。尤其是河圖、洛書，更由於〈繫辭上傳〉一句：「河出圖，洛出書」的佐證，便緊密地依附在易學之中。民間算命、看相、看風水、解姓名的人士，大大方方地以「易學大師」為名，也是一種神用。

《易經》六十四卦，主要在闡明陰陽感通的道理，提出隨機應變的參考意見。從來就沒有生剋的關係，也未曾出現過鐵口直斷的字樣。每一種變化，都有其條件，也有改變的可能性，所以〈繫辭下傳〉才說：「不可為典要，唯變所適。」但是，我們也不能否定數的神祕性，譬如「七」這個數字，在八卦中確實有特殊的意義。只能說數有神祕性，等待有心人揭開它的面紗。有史以來，這種有心人很多，經過多方努力，也有很多成果。看來只能夠信者恆信、不信者恆不信，倒也合乎「一陰一陽之謂道」的原則。

一陰一陽之謂道

自然數

自然數的發展，
全世界都一樣。
一二三四五六，
七八九加上十。
１２３４５６
７８９變回１０。
純屬巧合，
還是有神祕力量？

人用

神祕數

數的神祕性，
不斷地被發揚。
天干地支，
五行學說，
河圖洛書，
大衍之數，
都打著易學旗幟，
擴大其影響力。

神用

各取所需，信者恆信，不信者恆不信

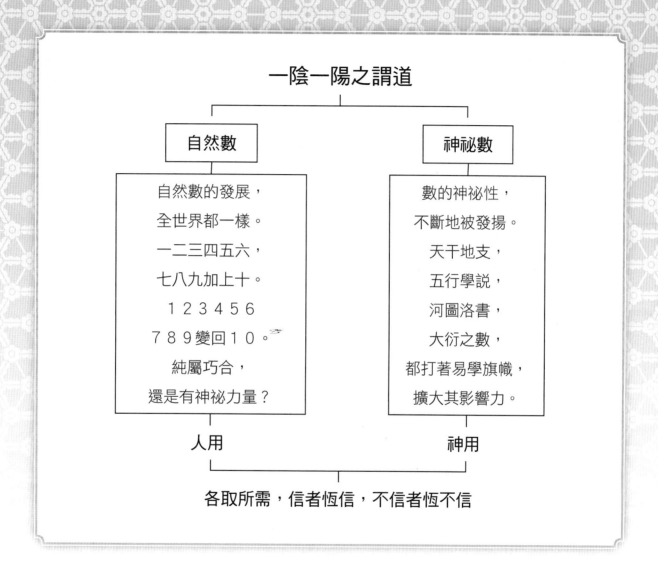

我們的建議

1 數的概念，應該來自先民對物象的多寡、增減、聚散，有所警覺，屬於自然數。伏羲畫八卦，太極生兩儀、兩儀生四象、四象生八卦，都是自然數的計算性運作。

2 數的神祕性，很可能起於卜筮的定數。漢朝以來，數的神祕性不斷擴大，以致卜卦、算命、看相、命名、看風水，在民間大行其道，令人真偽莫辨，又愛又怕。

3 《易經》主張數、象、理兼顧並重，由數、象推理。現代重視數據，也就是以數為據。配合實際呈現的象，稱為「現象」。兩者交相比對、研判，悟出其中的道理。三者連貫起來，成為數、象、理連鎖作用，實際上就是易學的今用。

4 《易經》的數，本於自然。原先只有天地之數、奇偶之數、陰陽之數，藉由陰陽消長，可解開宇宙人生的奧祕。至於大衍之數，則是居於卜筮需要，可說是自然數的延伸，擴大自然數的神祕性，有一部分屬於超科學的範圍。

5 我們以觀卦（䷓）為例，要看它的數，從初六、六二、六三、六四、九五、上九著手。再看它的錯卦為大壯（䷡），綜卦為臨卦（䷒）中爻為坤（☷）、艮（☶）兩卦。

6 要不要再把觀卦延伸到益卦（䷩）、渙卦（䷺）、漸卦（䷴）、否卦（䷋）、剝卦（䷖）、比卦（䷇），甚至再擴大到相關的卦，悉聽尊便，無可無不可，各人可以自行選擇。

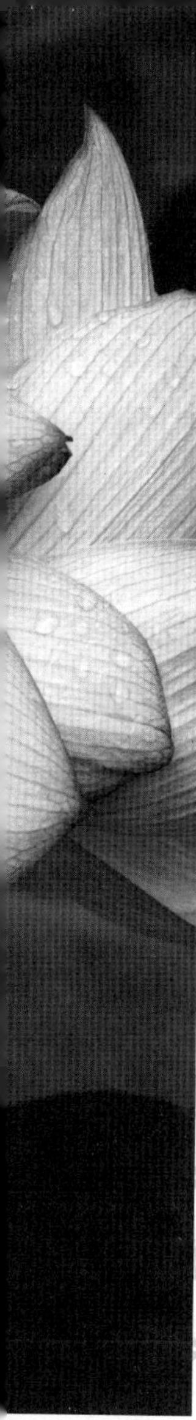

《第二章》

象為什麼
是思想符號？

象有大象和小象，
分別解說卦名和爻辭的要旨。

但是象的依據，則是陰陽兩個符號，
把所有大道理，全部包含在兩個符號之中。

這一套舉世罕見的符號系統，
既簡明，又整齊美觀，還能夠靈活運用。

由簡而繁，從太極發展到六十四卦，
以簡御繁，把深奧複雜的道理用一來掌控。

時、位、中、應，是觀賞卦爻象的依據，
應的勢力看不見，但實際作用卻不可忽視。

象同於相，人類迄今仍然相當重視相貌，
象對人類的影響至為重大，面相成為第一張名片。

一、原始八卦不能表示吉凶

相傳伏羲畫卦，只畫出了：乾（☰）、坤（☷）、艮（☶）、兌（☱）、震（☳）、巽（☴）、坎（☵）、離（☲）八大象，用以表示重要自然現象的天、地、山、澤、雷、風、水、火。每卦三爻，缺乏陰陽互動的變化。所以〈繫辭下傳〉說：「八卦以象告，爻彖以情言。」八卦只有象，還談不上什麼運動變化，必須發展到六十四重卦，陽剛與陰柔交互錯雜，才能以具體情態來顯示義理。易學把原始的八卦稱為「經卦」，重卦後的六十四卦則稱為「別卦」。不論經卦或別卦，都只有陰（⚋）、陽（⚊）兩個符號。也就是說，所有卦象，都是由兩個基本符號所構成，不但簡單明瞭，而且整齊美觀，變化時更是靈活巧妙。即使後來加上很多文字解說，《易經》的象，仍然居於十分重要的位置，對於中華民族的喜歡看相、擅長想像，並且習慣於用臉色（象）來彼此暗示，造成很大的影響。

原始八卦，是伏羲氏觀察萬物變動時所呈現的象，將其比擬為具體的形態所造成的。〈繫辭上傳〉說：「是故夫象，聖人有以見天下之賾，而擬諸其形容，象其物宜，是故謂之象。」「賾」指深奧複雜的意思，天下萬物的變化，有其深奧複雜的道理，要把它說明白、講清楚，著實不容易。倘若把它比擬成具體的形態，畫成八個經卦的樣子，用來象徵事物適宜的意義，大家看了，應該比較方便想像和領悟。因此「象」就是「像」，透過卦象，進而產生想像。「象」在現代則可稱為「符號」，整部《易經》的卦象，就是一套宇宙人生的符號系統。陰（⚋）、陽（⚊）這兩個符號的交互運用，為炎黃子孫帶來了極大的想像空間。

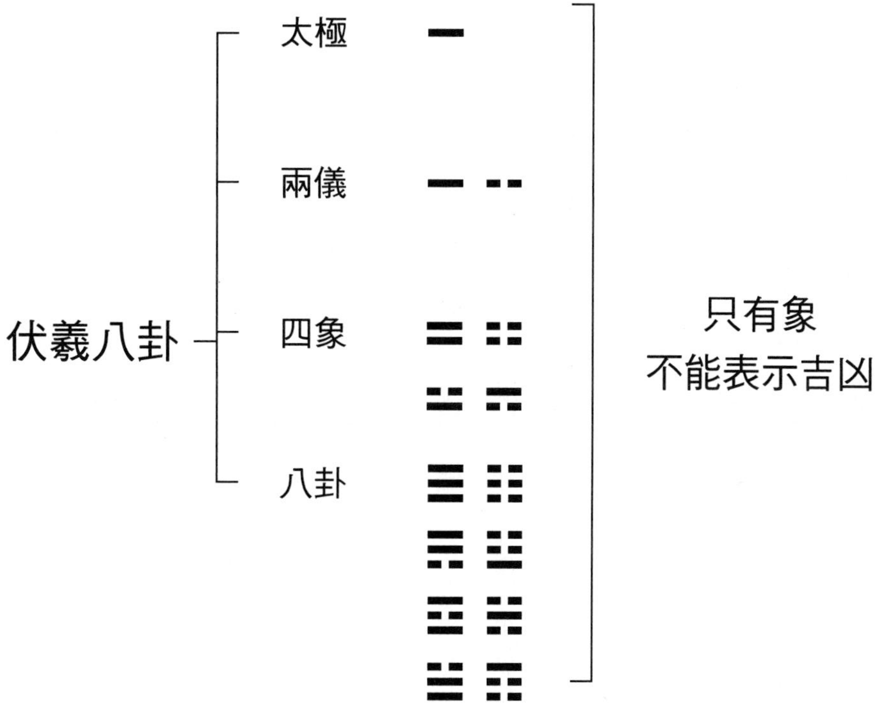
伏羲八卦
太極
兩儀
四象
八卦
只有象
不能表示吉凶

二 文王演易增加實用價值

周文王重卦，將八卦重為六十四卦。每一卦加上卦辭，有一個卦名。一卦六爻，每一爻也加上爻辭，以占斷吉凶。這樣做的目的，是看到當時民智未開，大家相當迷信鬼神，因此周文王有意透過類似現代「市場導向」的運作，以神道設教，藉著當時流行的筮術，來教導民眾為人處世的道理。一方面增加了易學的實用價值，使易學的術數得以快速擴展；一方面讓文王逃過生前的厄運，也使《易經》逃過了秦火的災害。雖然這是文王高明的智慧，但卻導致漢朝以降，《易經》的迷信色彩日愈濃厚，實在是一大遺憾！

卦序的安排，應該是文王演易最了不起的貢獻。由乾、坤、屯(ㄓㄨㄣ)、蒙、需、訟、師……一直到小過、既濟、未濟，呈現出一個完整的圓通周流系統。相信歷代都曾經有人想要加以變更，卻始終得以保持，足見其經得起時間的考驗。

〈序卦傳〉分析《易經》六十四卦編排順序的內在關係，分為上下兩篇。上篇自天地（乾坤）到坎離（水火），共三十卦，說明宇宙、自然及社會現象演化歷程；下篇自咸恆到既濟、未濟，從社會現象闡明人倫處世的道理。

〈雜卦傳〉則不依六十四卦本來的順序，將六十四卦兩兩相對，分成三十二組。同組的兩卦，在卦象上相錯或相綜，在卦義上則大多相反。但是，前三十卦從乾坤開始，後三十四卦自咸卦開始，和〈序卦傳〉仍然相合。後人大多把它當做參考，欣賞它的精簡扼要，並沒有因此而改變文王所訂的卦序。我們從大象、小象入手，應該更容易深入瞭解易象的要旨。

六十四卦
卦名次序歌

乾坤屯蒙需訟師，比小畜兮履泰否。
同人大有謙豫隨，蠱臨觀兮噬嗑賁。
剝復无妄大畜頤，大過坎離三十備。
咸恆遯兮及大壯，晉與明夷家人睽。
蹇解損益夬姤萃，升困井革鼎震繼。
艮漸歸妹豐旅巽，兌渙節兮中孚至。
小過既濟兼未濟，是為下經三十四。

三、大象小象都依八卦卦象

「十翼」中的〈象傳〉，分列在各卦各爻的卦爻辭之後，用來解釋各卦的卦象和爻象。每一卦有一個「象曰」，稱為「大象」；每卦六爻，每一爻也都各有一個「象曰」，那就是「小象」。

〈大象傳〉的六十四卦，除乾卦（䷀）之外，其餘六十三卦，多以天、地、山、澤、水、火、風、雷八大象的內外或上下相互關係，指出各卦的卦名。譬如觀卦（䷓）大象：「風行地上，觀；先王以省方觀民設教。」觀卦下卦為坤為地，上卦為巽為風，所以說「風行地上」。接著說先王（往昔、先前的君王）效法這種觀仰（風在地上觀察）的象徵，巡察四方，以觀察民情，施行合理的教化。《大學》說：「民之所好好之，民之所惡惡之。」即由觀卦而來，現代的人民，仍然需要這種被尊稱為「父母官」的好官。

大象中用「先王」的，有七卦。稱「上」的，只有剝（䷖）卦。稱「后」的，有泰（䷊）、姤（䷫）兩卦。稱「大人」的，只有離卦（䷝）。其餘五十三卦，完全用「君子以」來引申，文字的內容，大多與《大學》、《中庸》、《論語》的思想相符合。應該是秦火之後，《易經》以卜筮之書廣為流行。當時的儒者，採取現代「置入性行銷」的宣揚方式。將儒家思想，藉由八卦的象加以發揚。並不是孔子所作，十分明顯。

小象是在爻辭出現之後，為了解說爻象的重點才加上去的。有很多是從爻辭中擇要重複一遍，有些則與爻辭毫無關係，甚至於吉凶相反。解說小象時，最好特別小心。因為有許多脫落，也有一些不知從何說起的字句。

八卦卦象

乾	☰	為天，為君，為父，為馬，為首，為君子，為始，為先，為元，為德，為道。
坤	☷	為地，為臣，為母，為牛，為腹，為小人，為眾，為田，為我，為朋，為貞。
震	☳	為雷，為常，為長子，為龍，為足，為丈夫，為公，為身，為出征，為趾，為鳴。
巽(ㄒㄩㄣˋ)	☴	為風，為宮人，為長女，為雞，為股，為妻子，為商旅，為入，為手，為號令，為行事。
坎	☵	為水，為寇盜，為中男，為豬，為耳，為客人，為勞，為險阻，為尸，為死，為中行。
離	☲	為火，為大人，為中女，為雉，為目，為惡人，為月，為矢，為羽，為焚，為輝光。
艮(ㄍㄣˋ)	☶	為山，為賢人，為少男，為狗，為手，為宗廟，為沙，為鼻，為求，為止，為位。
兌(ㄉㄨㄟˋ)	☱	為澤，為巫，為少女，為羊，為口，為妾，為妹，為金，為右，為友，為角。

四、取象的方式有很多變化

取象的方式，有很多變化。有以八經卦的大象取象的，凡陽爻在上的卦，便是取象於艮（☶）、巽（☴），如觀卦（䷓），艮為山，彖辭說「大觀在上」，巽為順而謙遜，因此接著說「順而巽」；陽在下的取象於震（☳）、兌（☱），如泰（䷊）、臨（䷒）；陽在上下的取象於離（☲），如履卦（䷉）；陰在上下的取象於坎（☵），如恆卦（䷟）。

有以卦的性情取象的，如咸卦（䷞）下艮上兌，艮為少男，兌即少女。兩情相悅，少男有艮止的專情，少女有兌的喜悅。中孚卦（䷼）以豚魚知風，鶴在山陰鳴叫，來表示誠信。卦中的性情，藉由事物的象，得以充分表達。

以事物的形狀來取象，則有鼎（䷱），象鼎的形。頤卦（䷚）象張開的嘴巴，小過（䷽）象飛鳥，上下即兩翼。

另外，還有以八經卦基本性能取象的，陽在下，取震（☳）的動，如夬卦（䷪）。陽在中，取坎（☵）的陷，如比卦（䷇）。陽在上，取艮（☶）的止，如剝卦（䷖）。陰在下，取巽（☴）的入，如遯卦（䷠）。陰在中，取離（☲）的麗，如大畜卦（䷙）。陰在上，取兌（☱）的悅，如大壯卦（䷡）。一卦的大象中常含有八經卦的基本性能，可從彖、象辭中細心玩味。

當然，綜卦、錯卦，以及互卦，都能夠拿來取象。觀卦（䷓）的綜卦為臨卦（䷒），臨卦本於天道，澤在地下，可滋潤地上萬物而大生。但是到了八月，因秋主殺而不利，所以轉而為觀。錯卦為大壯卦（䷡），實踐正道，最好由觀做起。互卦的變化更多，觀卦的互卦為剝（䷖），一旦觀得不好，就可能產生剝削、壓制的現象。只要我們觀卦時多加揣摩，便能產生很大的想像空間。

觀

20

上巽ㄒㄩㄣˋ

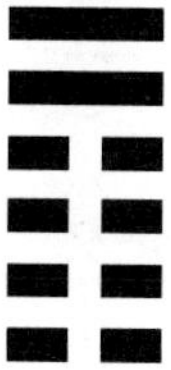

下坤

陽爻在上，取象於艮ㄍㄣˋ、巽ㄒㄩㄣˋ。

象曰：大觀在上，順而巽ㄒㄩㄣˋ。

陽爻在上，取艮ㄍㄣˋ的止。

九五爻辭：觀我生，君子无咎。

九五受人瞻仰，有如高山仰止。

上巽ㄒㄩㄣˋ為風，有如風行地上，

以中正德行，供天下人觀仰。

下坤為地，象徵地順應風的吹拂，

對九五望而敬畏。

取象的方式，

有很多變化，

請各自玩賞。

五・三百八十四爻各有爻象

六十四卦，每卦六爻，總共三百八十四爻。由於陰、陽有別，不是陽爻，便是陰爻，各有位序。如觀卦（䷓）六爻，由下而上，分別為初六、六二、六三、六四、九五、上九，表示初位、二位、三位、四位、五位、以及上位，有六個不一樣的位置。初、二兩爻為地位，三、四兩爻居人位，五、上兩爻則是天位，構成三才，也就是天、人、地不一樣的才能。一卦六爻之中，初、三、五三位，為陽位；二、四、上為陰位。倘若以陽爻居陽位，即為當位；以陰爻居陽位，便是不當位。反過來說，以陰爻居陰位，就是當位，而以陰爻居陽位，即為不當位。上、下兩卦，又稱為外、內卦。九五或六五，居上（外）卦中位；九二或六二，居下（內）卦中位，都稱為「中」。陽爻居中位，具有「剛中」的德行；陰爻居中位，象徵「柔中」的德行。一卦之中，倘若陰爻處二位（六二），陽爻居五位（九五），那就是既「中」且「正」，陰陽都當位的爻，成為美善的象徵。如果把得「中」的爻，和得「正」的爻相比較，得「中」優於得「正」，這是易學「居中為吉」的精神，也是儒家所極力推崇的「中庸之道」，現代稱為「動態中的合理平衡點」。爻與爻之間，還有承、乘、比、應的關係。下爻緊承上爻叫「承」，大致以陰陽當位的相承為吉，否則多凶。上爻乘凌下爻為「乘」，陰乘陽為「乘剛」，大多不吉。初與二比、二與三比、三與四比、四與五比、五與上比，都可能出現「乘」或「承」的關係。初與四、二與五、三與上有「應」有「不應」，也要一併加以考慮。

觀 20

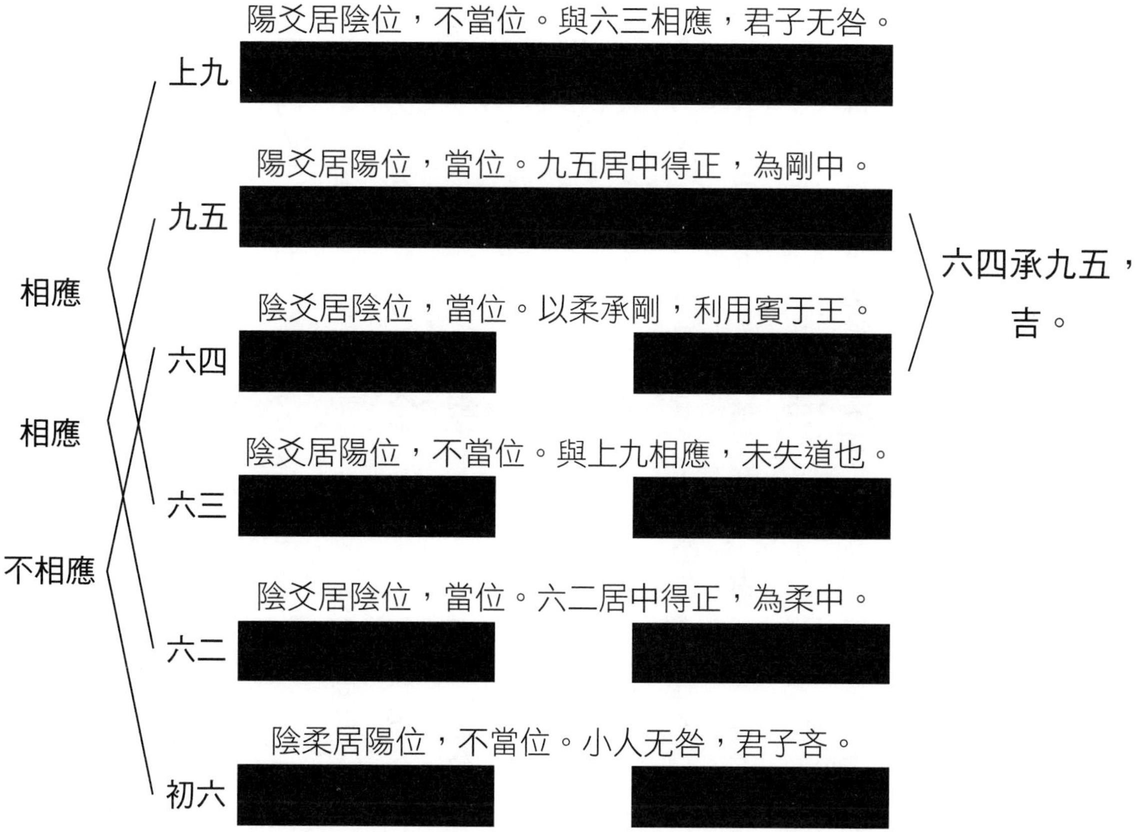
陽爻居陰位，不當位。與六三相應，君子无咎。
上九
陽爻居陽位，當位。九五居中得正，為剛中。
九五
陰爻居陰位，當位。以柔承剛，利用賓于王。
六四
陰爻居陽位，不當位。與上九相應，未失道也。
六三
陰爻居陰位，當位。六二居中得正，為柔中。
六二
陰柔居陽位，不當位。小人无咎，君子吝。
初六
相應
相應
不相應
六四承九五，
吉。

六、卦有卦時也要看出卦主

〈繫辭下傳〉說：「周流六虛，上下无常，剛柔相易，不可為典要，唯變所適。」「六虛」便是六爻，各種變動周流於一卦的六個虛位，產生或上或下的無常變化。剛居陽位，柔居陰位，或者剛居陰位，而柔居陽位，互相變易。並沒有一定的模式或固定的法則，我們只能說它「大致如此」。

因為卦象和爻象，都會配合「時」、「位」的變化，而有不同的「應」。卦義多重於「時」，爻義則多重於「位」。六十四卦象徵六十四種特定的背景，我們常說「時過境遷」，便是時一改變，就換了一個卦。每卦六爻，則是在這個卦的特定「時」中，由事物發展所產生的階段性調整。卦的時，簡稱「卦時」，實際上已經把「位」也包含在內，因為「時」、「位」是分不開的。

卦還有卦主，表示一卦六爻，並不是每一爻都等量齊觀，通常會有一兩爻較為重要，可以說居於關鍵地位，稱為「卦主」。一般而論，第五爻為君位，大多為卦主，譬如乾卦（䷀）九五，有「飛龍在天」之象，在六龍之中，最具陽剛、健盛之美，當然是卦主。坤卦（䷁）六五，「黃裳元吉」，象徵開展事業，至為完美，自然是卦主。但是，並不是每一卦的君位都是卦主。倘若全卦的意義，因卦中某一爻反而起，這一爻反而能夠成為卦主。譬如師卦（䷆）九二，象徵主將統率兵眾，君主賜予重任，在這種特定的「時」，而居於這樣的「位」，當然是卦主。也有一卦出現兩個卦主的，譬如謙卦（䷎），下艮上坤，可以分成「坤謙」和「艮謙」兩個層次，因此六五和六二，都是卦主。只要能對彖傳多加推敲琢磨，應該有助於觀象時的判定。

觀 20

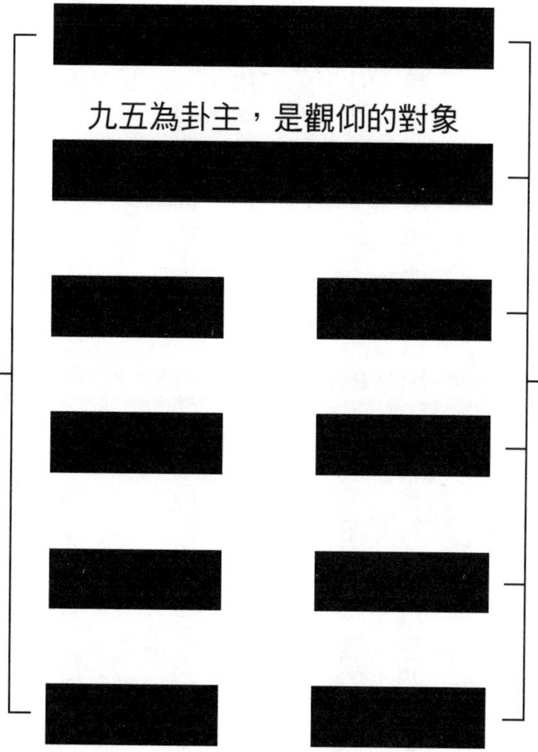
九五為卦主，是觀仰的對象
卦義較重時，觀卦是「深入審視、見微知著」的特定時機以及情勢。
爻義較重位，是觀卦這個特定時機和情勢之中，各個階段的吉凶變化，求其合理調整。唯變所適，能夠適時地做出合理變易。

我們的建議

1 我們習慣於用雙眼觀察外界事物，對於「象」的反應，通常比較快速。「像什麼？」是我們對卦的第一課題。但是，想來想去，大多沒有什麼頭緒。最好能依據卦名、卦辭和彖辭、象辭，來做出有範圍、有指引的想像為妥。

2 「眼見為真」這句話，可以從卦象的揣摩中，證明其並非真理。因為卦象的觀賞，配合《易經》「大致如此」的原則，不可能十分逼真，反而是保有一些想像空間，比較容易獲得答案。

3 觀象有一些通則，例如：卦時和卦主、各爻的階段性重點……等，最好都能預先熟悉，然後依據這些通則加以詮釋。雖然會有例外，但不能太離譜，否則各說各話，未免彈性太大，變成怎麼看、怎麼說都可以，並不合理。

4 八經卦是六十四卦的根本，對於八卦的象，必須多加模擬。熟悉之後，應用在六十四卦上，就更能運用裕如。能說出一些知其然、所以然的道理，才是負責任的觀象。

5 六十四卦的排序有一種規律，那就是前後的兩卦，譬如乾卦（䷀）與坤卦（䷁）、既濟（䷾）與未濟（䷿），兩者互為錯卦；或者彼此顛倒，譬如屯（ㄓㄨㄣ）（䷂）與蒙（䷃）、需（䷄）與訟（䷅），兩者互為綜卦。觀象時可相互比對，更容易看出其中的奧妙。

6 觀象最要緊的是見微知著。所以觀卦（䷓）的要領，對我們的觀象，有很大的助益。我們在思索易理之前，先來看看觀卦（䷓）六爻，究竟說了些什麼？

《第三章》

觀卦
究竟說了些什麼？

觀有觀察、觀摩、觀瞻的意思，
而且要雙向進行，互相尊重才能產生功效。

觀也可以讀成貫，表示靜態的觀，
可以當做模範，供大眾學習、仿傚、效法。

被觀的人，必須光明正大、廣大包容，
觀察的人，也應該經由學習和歷練，由淺入深。

上兩陽同命運共患難，要經得起考驗，
在二陽將消之際，力挽狂瀾，不為四陰所剝。

下四陰會不會合力向上、進逼二陽？
主要決定在六四能否自覺，發揮承順的力量。

觀道的要旨，不在觀看，而在感應，
不因陰盛而退卻，也是防剝的一道關卡。

一．初六童觀幼稚君子不為

觀卦（䷓）卦辭：「觀，盥（ㄍㄨㄢˇ）而不薦，有孚顒（ㄩㄥˊ）若。」「觀」為卦名，「盥（ㄍㄨㄢˇ）」是古人在祭祀之前，洗手以示尊敬。現代的盥（ㄍㄨㄢˇ）洗室，便是由此得名。「薦」指祭祀時奉獻的祭品。「盥而不薦」，表示盥（ㄍㄨㄢˇ）洗之後尚未奉獻祭品，也就是祭祀剛剛開始，大家的恭敬之心最為純真。「有孚」即誠信，「顒（ㄩㄥˊ）若」是容貌正直的樣子。典禮開始之後，主祭者奉獻祭品，不免分心。這時候必須提高警覺，慎終如始，千萬不能夠始敬終慢。唯有始終保持誠信正直，大家才會望而敬畏，為其誠信所感動。

由於一陰一陽之謂道，「觀」有觀察和觀瞻兩層意思。觀卦（䷓）二陽在上、四陰居下。陽在上，為四陰所觀瞻，必須產生模範作用，以免有礙觀瞻。而觀禮之人，也就是四陰，也應該用心觀察主事者是否誠信？自己是否受到感動？

初六爻辭：「童觀，小人无咎，君子吝。」小象說：「初六童觀，小人道也。」「童」即幼童，初六以陰居陽位，象徵不知上進或看輕自己。孩童參與祭典，當然看不出什麼名堂。「小人」指見識少，不明事理，甚至傷風敗德的人。「君子」則是重視品德修養，立志於勤求善道，有良好行為的人。小人像孩童那樣毫無見識，還可以原諒。因為初六離卦主九五甚遠，由於無心觀察，或根本看不清楚，所以不受感動，沒有什麼反應。對小人來說，肯來參加就不錯了，何必怪責、鄙視呢？所以說「无咎」。然而，若是君子就不該如此，否則未免太鄙吝可恥了。小人之道，不過是小人的生存之道。君子有志於大人之道，當然要自我警惕，遠離小人之道才是。

（初六爻變成益卦䷩）

觀 ䷓ 20

初六，童觀，小人无咎，君子吝。

觀卦以九五為卦主，表示九五是眾陰觀察、學習、敬仰、效法的對象。初六離九五較遠，又是以柔居陽位，如孩童般看不清楚，也毫無見識，所以稱為「童觀」。「小人」象徵無知的小民，見識淺薄。君子必須大人不計小人過，加以包容和諒解。小人無知，所以无咎。反而是君子一方面包容、諒解，一方面也要見微知著，明白這種難以溝通的障礙，抱持履霜堅冰至的心情，設法加以排解。君子自己固然不能童觀，同時也應該從旁協助，以減少誤解。

君子識大體，一方面包容小人的童觀，一方面設法加以輔導

二、六二闚觀所見不夠寬廣

周文王寫卦辭時，用的應該是簡明易懂的字眼。但是時代久遠之後，大家看不明白，也難以理解。於是有了〈彖傳〉，用以解釋卦名和卦辭。觀卦（䷓）〈彖傳〉說：「觀，盥而不薦，有孚顒若，下觀而化也。大觀在上，順而巽，中正以觀天下。觀天之神道，而四時不忒；聖人以神道設教，而天下服矣。」《易經》講陰陽，以陽為大。觀卦（䷓）的卦體，坤下巽上。以九五為卦主，九五為陽爻，是觀瞻的主要對象，又是利見的大人，所以「大觀在上」，象徵在上位的大人，其言行受到大眾的觀瞻。坤為順，巽為和。和風宜人、和顏悅色、和藹可親、和氣致祥，觀瞻的人自然「順而巽」。九五居中得正，以中正大道觀示於天下，四陰就不敢膽大妄為。卦辭所說主祭者誠信正直，喚起參與者及觀禮者的良好感應，表示在下的四陰知所感化。聖人觀察自然運行的神妙規律，體會四季毫無差錯地交替。採取以神道設教的方式，使得天下人能透過服從聖人的教誨，從而遵守自然規律。

六二爻辭：「闚觀，利女貞。」小象說：「闚觀，女貞，亦可醜也。」「闚」是窺的意思，往昔男女授受不親的時代，女子不方便觀看男人，只能從門縫或孔穴中觀察，往往不能全面地看得周詳。六二以陰居陰位，又是下坤的中爻，與九五相應，但是陰柔處下，終究不如陽剛那樣能夠洞察天下。就有如深居簡出的閨女，所以說「利女貞」。依據「一陰一陽之謂道」的原則，「利女貞」便是「不利男貞」。女子如此，是處境所然，對某種方面有利。男性如此，那就可引為羞恥，所以說「可醜也」。

（六二爻變成渙卦䷺）

觀 ䷓ 20

六二，闚（ㄎㄨㄟ）觀，利女貞。

六二以柔居陰位，又是下坤的中爻。居中得正，稱為柔中。雖與九五相應，可惜和九五之間，相隔著六二、六四兩陰，很容易產生「闚（ㄎㄨㄟ）觀」的偏差。有如古代的婦女，不方便與男子見面，只能從門縫中或孔穴裡窺看，因而難以看清全貌。對古代女子而言，由於男女授受不親，也是不得已的方式。但現代人倘若如此，實屬不當。

所見不夠寬廣，容易產生偏差，必須及時調整心態和方式

三．六三觀我生適度的反觀

大象就是卦的符號和圖象，現代稱為思想符號。觀卦（䷓）的大象，如果把六爻每兩爻相併，成為艮（☶）的大象，和現代常說的「高山景行」，也就是象徵有德高士、受人仰慕的景象十分相近。「高山仰止」則更有艮的含義。觀卦（䷓）大象說：「風行地上，觀；先王以省方、觀民、設教。」大象傳六四卦的條文，稱「先王」的，有比（䷇）、豫（䷏）、觀（䷓）、噬嗑（䷔）、復（䷗）、无妄（䷘）、渙（䷺）等七卦。觀卦（䷓）坤下巽上，坤為地，巽為風，有風行地上的象。這裡的「觀」是指觀察。古代先王，觀察到風行地上的自然現象。便巡察四方，觀察各地的風土人情，以實施教化。譬如民眾有奢侈現象，就以節約、勤儉來施教。倘若已能儉約，便教之以禮。一步一步，向正道邁進，不宜操之過急。

六三爻辭：「觀我生，進退。」小象說：「觀我生，進退，未失道也。」六三以陰居陽位，並不當位。陽主進而陰主退，所以可進可退。「觀」是觀察，「我」即自己的所作所為。「生」在此處是指進退之道。六三為下坤的究位，十分接近上卦。對上卦的巽風，應該相當瞭解。不像初六居於始位，很容易童觀；六二為壯位，卻有時只知其一而不知其二，難以察見全貌，容易失於偏頗。六三與上九相應，雖然中間有六四阻隔，卻也相當接近九五。由於「三多凶」的特性，使六三能謹慎地提高警覺，反省自己的進退之道，是否符合當時的風尚，做出合理的調整。只要九五中正得宜，六三即使是見風轉舵，也是調整得十分妥當，所以說「未失道」也。

（六三爻變成漸卦䷴）

觀 ䷓ 六三，觀我生，進退。

20

六三以柔居陽位，有進退失據的憂慮。位於下坤的究位，與上巽ㄒㄩㄣˋ最為接近，又與上九相應。六三倘若變成九三，觀卦就成為漸卦，象徵漸進而不過急的可能，最好觀我生，也就是觀察、反省自己這一路走來的生存之道。以調整自己的進退，務求以合理為度。六三自己審度該進或該退？進退到什麼程度？能夠如此，也就不失觀道了。

謹慎反省自己的進退之道，採取合宜的因應方式

四・六四觀國之光崇尚賓禮

「觀」的意思，除了觀察、觀摩、觀瞻之外，還有靜態的意義，便是被當做敬仰、模仿、效法的模範。譬如「道觀」的「觀」，讀音如「貫」，即是指修煉有成，可為眾人典範的勝地。

九五居上巽的中位，下四陰被它的專一虔誠之心所感動，當做敬仰、學習、信服的對象。六四以柔居陰位，為上巽的始，最為接近九五。所以六四爻辭：「觀國之光，利用賓于王。」小象說：「觀國之光，尚賓也。」觀卦（䷓）下坤為地，象徵國土及廣大的人民。九五為陽爻，又是君位，象徵國君的德政，正大光明。為什麼是說「國之光」，而不說「君王之光」呢？因為君王的光輝，必須實際照耀到百姓身上，才是真正的光耀。六四在四陰之中，位置最接近九五，當然看得最清楚，感應也最靈敏。當位的六四，得觀的正道，能夠上承九五君意，發揮以柔承剛的美德。對下與初九不相應，便是不利用初六的「童觀」，甚至於六二的「闚觀」，因而沒有聯合四陰進逼二陽的不良企圖。像這樣的賢臣，自然為九五明君所看重，以王家的賓禮相待。六四既然得時、地之宜，獲得良臣遇明君的大好時機，當然樂於為國效勞。「尚」是崇尚的意思，崇尚賓禮，象徵禮賢下士，是文明國家的表現。觀卦（䷓）四陰，也可以看做觀察、觀瞻的進程，由見識淺薄、視而不見，漸進為識見不廣、所見不大，再進而反求諸己、審度進退。以至於觀有所得，自覺生逢其時，又佔地利。主動承順九五，被禮待為上賓。由小人而君子，是觀道的最佳效果。六四高度自覺，值得推崇。

（六四爻變成否卦䷋）

觀 20 ䷓

六四，觀國之光，利用賓于王。

六四以陰居柔位，表現出以柔承剛的當位精神。處於下坤和上巽（ㄒㄩㄣˋ）之間，有兩種選擇：一為聯合四陰，向上進逼二陽；一為承順九五，協助有道君王控制全局。由於不與初六相應，又是四陰之中，最為接近九五的一爻，對九五的正大光明，感受最深。深知時、空都有利於扭轉不良風氣，而君王又禮賢下士。賢臣遇良君，彼此密切配合，為人民謀福利，能夠共同發揚觀道。

政教風俗的改善，有賴於明君賢臣的全力配合

五．九五觀我生君子重反省

觀瞻有主客兩面，九五和上九，是被觀察的對象；但也可以站在自身的立場，來觀察初六、六二、六三、六四這四陰的動態表現。反過來說，下四陰分別居於不同的位階，觀察上二陽的言行舉措；同時也成為被上二陽所觀察的對象，現代稱為「貼近民意」。「觀」不限於靜態的觀察，更需要動態的互動。而共同的原則，便是孔子所說的「己所不欲，勿施於人」，和現代流行的「給我一個服務的機會」、「好東西要和好朋友分享」的思維有很大的差距。必須慎思明辨，才不致違反觀道、扭曲了孔子的本意。

九五是卦主，為成敗的關鍵，特別重要。九五爻辭：「觀我生，君子无咎。」小象說：「觀我生，觀民也。」雖然六三也是「觀我生」，但九五的「觀我生」卻有著不一樣的表現。六三反求諸己，仔細考察自己的言行，不過是為了審度自己的進退，以免失道。而九五的「觀我生」，重點在於觀民，自己以陽居剛位，又是上巽的中爻，居中得正，當然是明君。但其所作所為，反應在四陰身上，是什麼樣的情況，也是九五可以用來測試自己、反省自己的一面鏡子。《論語．述而篇》記載：「子曰：『丘也幸！苟有過，人必知之。』」何況九五高高在上，老百姓的眼睛都是雪亮的，當然是「十目所視，十手所指」。九五自省所言所行，與老百姓的反應，有哪些落差？然後以陽剛中正的態度，做出自我合理的調整，即能獲得无咎。「觀民」也可以解釋成為民所觀，也就是為百姓所敬仰、觀瞻，能證明自己是以美德為萬民敬重的賢明君王。

（九五爻變成剝卦䷖）

觀 ䷓ 20

九五，觀我生，君子无咎。

九五以陽爻居陽位，又是上巽ㄒㄩㄣ的中爻，居中得正，為卦主。象徵剛中的品德修養，足為四陰的表率。倘若能夠反觀自己的生平表現，從四陰的反應來充分自省是否切近民意？那就是君子風度，可以无咎。由於下有六四順承，上有上九的觀生，具有與九五共患難的意志，所以不致由觀卦變成剝卦，而且更有機會發揮觀的功能，讓四陰心悅誠服。

領導者自我反省，務求貼近民意，獲得民心的信服

六、上九觀其生要以身作則

觀卦（䷓）二陽四陰，依據陰消陽長的作用，可能產生兩種不同的變化：一為四陰共同合力向上消剝二陽，使觀卦（䷓）變成剝卦（䷖），再進而成為坤卦（䷁），即為成坤的過程；一為二陽聯合起來，為下四陰所觀，經歷否卦（䷋）、遯（ㄉㄨㄣˋ）卦（䷠）、姤（ㄍㄡˋ）卦（䷫）而終成乾卦（䷀），稱為成乾。

成坤或成乾？主要關鍵在於九五能不能與上九合力，以感化六四？苟能獲得六四的效力，感應下坤的柔順，應該大有可為。至於上九有沒有這樣的意願呢？我們看上九爻辭：「觀其生，君子无咎。」就觀卦的要旨來看，成乾應該是共同的目標。所以上九和九五的爻辭，只差一個字，那就是「觀我生」和「觀其生」的一字之差。「我」是指九五本身，「其」也是指九五。因為九五是卦主，所以上九觀九五的表現，來決定自己的動向，才能无咎。九五是君位，上九為陽剛之德而居陰柔之位，象徵有德無位，可以置身度外，袖手旁觀。也能夠懷君子之志，以身作則，使九五明白上九從旁協助，不餘遺力。所以小象說：「觀其生，志未平也。」上九以陽爻居陰位，原本有咎。現在為什麼无咎？主要是仔細觀察九五（其）的民心向背，體會九五面對四陰的進逼，又缺乏可靠的顧問，於是挺身而出，與九五共患難。「志未平」的意思，是上九的心，不敢自安。「平」即安，「未平」便是未能自安，置共同命運於不顧。上九深知一旦九五擋不住四陰的進逼，觀卦成為剝卦（䷖）之後，上九便是唯一的陽爻，所受的壓力必然更大，怎麼能夠自安呢？

（上九爻變成比卦䷇）

觀 20 ䷓

上九，觀其生，君子无咎。

上九以陽居陰位，又是全卦的極上，按理說不可能无咎。但觀卦的上九和九五，是全卦僅有的兩陽爻，合為「大觀」的象。九五站自己的立場「觀我生」。上九則是站在全體的立場，所以說「觀其生」。上九明白在這樣的大環境中，若是不與九五患難與共，心就不得平安，因此挺身而出，扮演可靠的顧問角色，共同為觀道而奮鬥，所以无咎。

與九五同心協力，患難與共，以身作則，做出良好的示範

1 觀的意思，是用心觀察，精準研判，並且即時做出必要的行動。一方面觀察，一方面也被觀察。雙方面互動，隨時保持冷靜而客觀的心態，才能發揮觀的效能。

2 觀卦（䷓）上九、九五兩陽爻居高臨下，務求明確、徹底又完整地觀察四方。象徵居於高位的領導者，必須以身作則。做為廣大群眾的表率，獲得大家的敬仰。

3 四陰大眾，固然有觀的機會，但觀的功夫各有深淺。我們今天常以「觀眾朋友」來稱呼，便是提醒其觀的功夫，必須自行加強，以免誤解、亂聽、盲目追隨而害己害人。群眾知得愈明，對上下溝通愈為有利。

4 如果九五是老大，上九便是大老。有很多事情，六四不方便說，九五自己又看不清楚，此時只有上九這位大老，可以「觀其生」，給九五一些建議。若不如此，有一天老大出了事，大老也會不得安寧。患難與共，方顯真情。

5 九五是老大，當然要「觀我生」。大老有德無位，必須「觀其生」。因為上九雖然也是陽爻，卻不如九五既中且正。不得不尊重九五的特殊身份，才合乎大觀的道理。

6 當今知識普及，大家又喜歡自主。最好養成反觀自己的內省習慣。人人每日反省，先求自覺、自律，再來觀察別人。對於社會的和諧與進步，應該會有很大的助益。

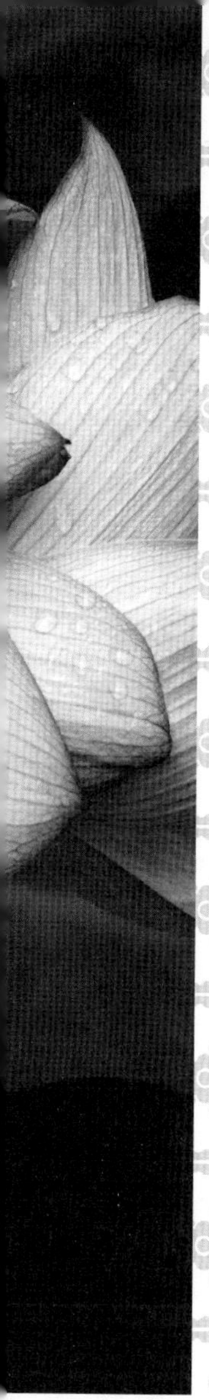

《第四章》

如何看待
觀卦的象數？

象數理原本分不開，
不能只看象數而不論理。

我們這樣做，是為了方便研討，
先在象數方面，做出一番說明。

象的想像空間很大，
不像形那樣，相對地固定。

先觀賞卦的大象，用卦名來規範，
再就各爻的關係，看出爻象的變化。

我們的數，其實來自心中的感覺，
與自然的象，呈現天人合一的狀態。

象數的配合，指出我們應該遵循的理，
因為人的責任，即在順理成章，做出合理的因應。

一、易學本為象數發為義理

易的開始，只有符號而沒有文字，是名符其實的無字天書。後來有了文字，才有象數和義理的區分。把卦象、爻象和陰陽奇偶之數稱為象數。將六十四卦、三百八十四爻所蘊含的哲理，叫做義理。象數是易學的根幹，而義理即為易學的枝葉。兩者密切關聯，不可分割。有些人居於研究的便利，勉強形成「象數學」與「義理學」兩大派系。以致言語各有偏執，很容易引起爭論，增加學習上的困難。我們研究易學，最好象數、義理兼顧並重。儘量由象數理的連鎖作用來加以理解，以期合乎易學的精神。

研究《易經》，最先看到的是象的變化。六十四卦由八個經卦交互重疊而成。一卦六爻，不是陰（⚋）、便是陽（⚊）。不同的組合，構成不同的卦象。只要其中任何一爻改變，就會造成其他的卦象，可謂牽一髮而動全身。

以觀卦（䷓）為例。錯卦為大壯卦（䷡），綜卦為臨卦（䷒）。六爻的變化：初爻陰變陽，為益卦（䷩），錯卦為恆卦（䷟），綜卦為損卦（䷨）；二爻陰變陽，為渙卦（䷺），錯豐（䷶）綜節（䷻）；三爻陰變陽，為漸卦（䷴），錯歸妹（䷵）綜也歸妹（䷵）；四爻陰變陽，為否卦（䷋），錯泰（䷊）綜也泰（䷊）；五爻陽變陰，成剝卦（䷖），錯夬ㄍㄨㄞˋ（䷪）綜復（䷗）；上爻陽變陰，為比卦（䷇），錯大有（䷍）綜師（䷆）。如果加上中爻的變化，那就更為複雜。以本卦為例，二三四爻成下坤，錯乾；三四五爻為上艮ㄍㄣˋ，錯兌ㄉㄨㄟˋ綜震。分別變出剝夬ㄍㄨㄞˋ二卦。六爻變加上各種中爻變，那就更令人眼花撩亂了。

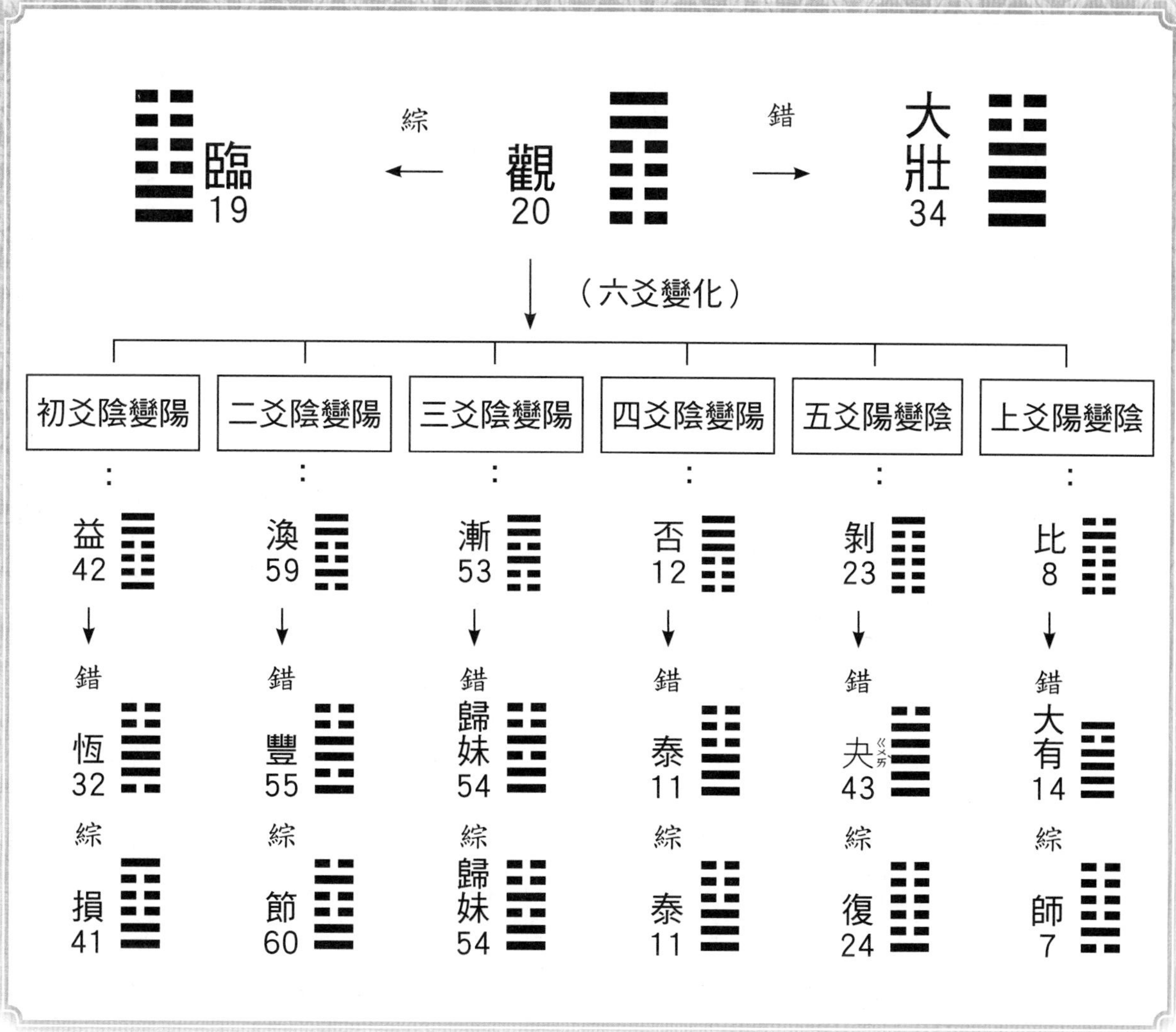
臨 19
綜
觀 20
錯
大壯 34
（六爻變化）
初爻陰變陽
二爻陰變陽
三爻陰變陽
四爻陰變陽
五爻陽變陰
上爻陽變陰
益 42
渙 59
漸 53
否 12
剝 23
比 8
錯
恆 32
豐 55
歸妹 54
泰 11
夬 43
大有 14
綜
損 41
節 60
歸妹 54
泰 11
復 24
師 7

二、觀卦先從卦的大象看起

觀卦（䷓）的功能，也可以發揮在觀賞卦象方面。抱持觀賞的心態，看象而兼看形。因為形是事物的固定形態，而象則是透過符號、圖形或具體的事物，來想像它所代表的意義和道理。我們觀卦，首先是觀賞這個卦的大象，發揮自己的想像力，看它像什麼？譬如觀卦（䷓），就好像一座巨大的牌坊般。上面兩陽爻，如同一塊牌匾，上面刻有文字，似乎在標榜什麼富有價值的事功，使大家仰首觀瞻；下面四陰爻，象徵或近或遠的觀眾，各有不同的心思，呈現出不一樣的反應。我們也可以想像成，上面兩陽爻，就好像現代的瞭望塔般。居高臨下，做出全方位的觀察。可以掌握週遭的變化，提出及時的警示。古代的高大建築物，都有樓觀，大概是居於安全的需要，而做出這樣的設置。當然，我們從六爻的天地人三才，也可以想像上面兩陽爻，是天道的象徵。由於天不言語，人們難以猜測天意。於是大家仰觀天象，做出不同的猜測。我們把猜得準的人稱為神；把胡亂猜測，或者為私人利益而扭曲天理的人叫做鬼。我們進一步想像，天空晴朗，萬里無雲，底下的人和地，卻陰沉沉地，絲毫都不光明。是不是身為觀看者的大眾，在仰觀天空一片光明的時候，應該反過來檢討自己，為什麼把人間搞成這個樣子？是否能夠發揚人性的光輝，來助己助人、移風易俗，使人間充滿了溫暖、使大地一片和氣呢？先海闊天空地想像，再回頭以卦名為規範。把自己的想像，拉回到卦名的範圍之內，應該可以對這一卦的大象產生良好的心得。

我們也可以把觀卦想像成是一座瞭望塔，讓觀者能夠居高臨下，做出全方位的觀察，掌握週遭的變化、提出即時的警示。

觀卦䷓就像一座巨大的牌坊，上面兩陽爻，如同一塊牌匾，使大家仰首觀瞻。

下面四陰爻象徵或遠或近的觀眾，各有不同的心思。

觀䷓的大象，有十分豐富的想像空間

三、再從卦爻關係加以分析

我們以觀卦（䷓）為例，先看下坤上巽的卦象。可知在上的風，具有風吹草動的能力。《論語．顏淵篇》記載：「君子之德風，小人之德草，草上之風必偃。」觀卦最上兩爻即為君子，下四陰便是小人。能否發揮風行草偃的效果？則端視觀道的實踐程度。觀卦（䷓）四陰二陽，依數量看，陰多於陽。如果用現代流行的「少數服從多數」為標準，則全卦成坤的機率便很高。然而易學主張「賢者大於多數」，只要二陽賢明，其力量便遠大於多數的四陰。二陽居天位，有居高臨下的優勢。四陰中初六、六二不當位，幸好六二居中當位，有柔中的氣慨。六四當位，能順承九五。而九五當位，由於剛中的吸引力，上九和六四，上下都和九五緊密地連成一氣，證明風力夠強。上剛下柔，足以喚醒沉睡中的下坤大地。全卦六二、六四、九五當位，六二又與九五相應。初六、六三、上九不當位，但六三與上九相應，受上九影響而知所進退。初六受六四和六二的牽引，六二居內（坤）以仰觀外（巽）的九五。雖然所見不廣，但由於受到六四、六三的影響，使下坤逐漸發揮柔順的特性。上二陽為下四陰所觀瞻，應該可以期待產生大（陽）觀的效果。觀卦（䷓）六二、六三、六四、九五的互卦為剝卦（䷖），互卦的下坤與觀卦的上巽，又成為觀卦。互卦的上艮與本卦的下坤，合起來則是剝卦。啟示我們：若是觀道無法發揮功能，必將趨於剝落。於是上九便成為大觀的最佳助力，唯有上九緊密地與九五同心協力，上巽的力道才足以感化下坤。

觀 20

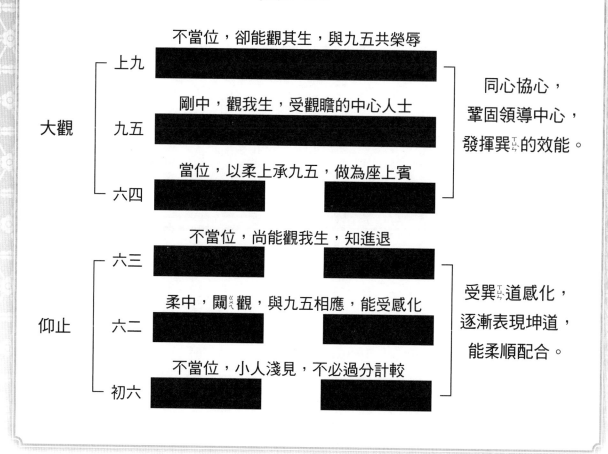

不當位，卻能觀其生，與九五共榮辱

上九

剛中，觀我生，受觀瞻的中心人士

九五

當位，以柔上承九五，做為座上賓

六四

大觀：同心協心，鞏固領導中心，發揮巽(ㄒㄩㄣˋ)的效能。

不當位，尚能觀我生，知進退

六三

柔中，闚(ㄍㄨㄟ)觀，與九五相應，能受感化

六二

不當位，小人淺見，不必過分計較

初六

仰止：受巽(ㄒㄩㄣˋ)道感化，逐漸表現坤道，能柔順配合。

四、心中有數之後再來看象

觀賞了卦的大象和小象之後，心中就會有「數」。這個「數」是廣義的，包括天數、地數，還加上人數。一旦我們心中有了這些數，再回過頭來看象時，可能又會觀出許多超乎想像的象。譬如觀卦（䷓），由我們心中存在著「老天有眼」的數來看，二陽在上，不就像是老天的眼炯炯發光嗎？而四陰在下，更應該明白「人在做，天在看」的道理，因而能夠自我反省、倍加警惕。觀卦（䷓）天位為實，人位和地位皆虛。六爻兩爻相併，成為艮卦（☶）的象，艮為山，是穩定的象徵，也是阻止煩惱的重要方法。我們生活在二陰爻之中，遭遇困難時，最好能學習山的穩重，做到孔子在《論語．雍也篇》所言「仁者樂山」的涵養，以培養自己的仁德和毅力。把觀卦（䷓）顛倒過來，便成為臨卦（䷒）。此時艮（☶）的大象，一下子轉變為震（☳）的大象，象徵春天來臨，潛藏於下爻的陽剛之氣，藉著春雷一動，便順勢散發而出。上面兩陰爻，最好能將這股陽氣善加引導、應用，以利益眾生。把觀（䷓）、臨（䷒）兩卦的大象合在一起觀看，很容易看出原來是一體兩面，相與俱生。

如此一來，我們就能瞭解，當年周文王對六十四卦是先有整體的觀賞，待心中有數之後，才逐一冠以卦名，以限定觀賞的範圍。否則以剝（䷖）為復，而以復（䷗）為剝，又有何不可？若是把臨卦（䷒）解釋為天道昏暗、人心污黑，大地反而一片光明，那就離題甚遠，甚至顛倒黑白了。我們不是不可以自由地發揮想像力，但是在想像的同時，必須要以自然為師、向自然學習，並以合乎自然的法則做為檢驗的標準，如此才較為合情合理，且易於大眾所接受。

觀 20

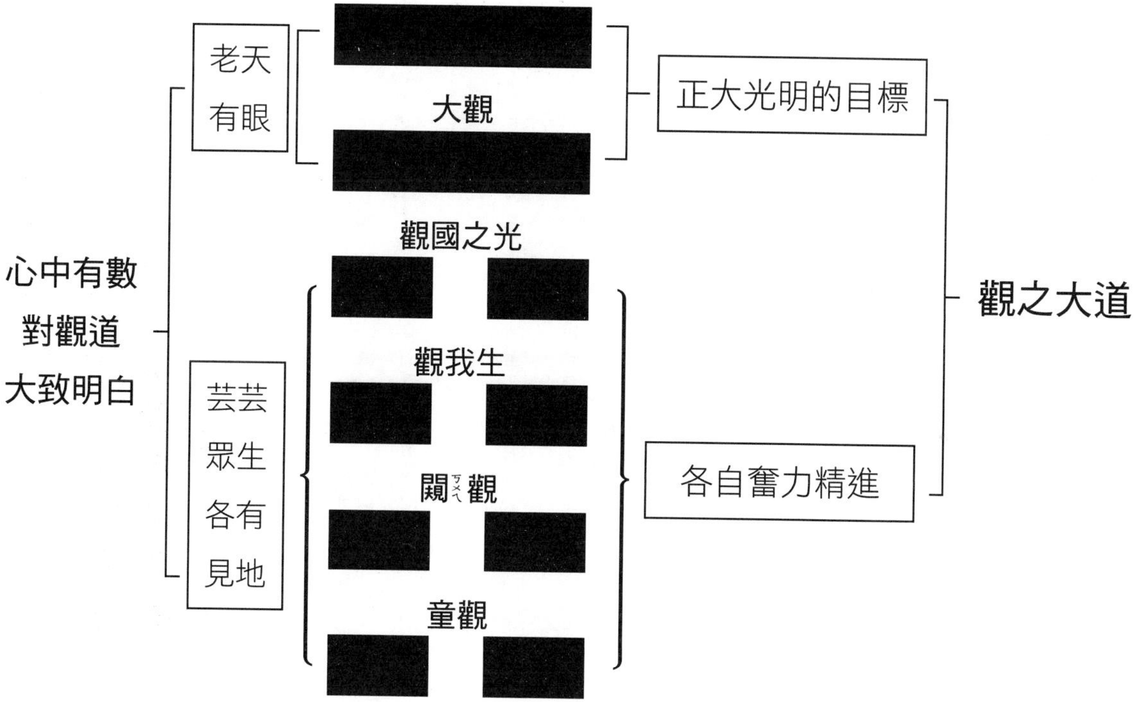
老天有眼
大觀
正大光明的目標
觀國之光
心中有數對觀道大致明白
觀之大道
觀我生
芸芸眾生各有見地
闚(ㄎㄨㄟ)觀
各自奮力精進
童觀

五．由綜卦錯卦看本卦象數

觀卦（䷓）的綜卦是臨卦（䷒），兩者的卦形剛好顛倒，卦義吉凶更是完全相反。觀卦（䷓）卦辭：「觀，盥而不薦，有孚顒若。」臨卦（䷒）卦辭則為：「臨，元、亨、利、貞。至于八月有凶。」一為「有孚」，一為「有凶」。觀卦（䷓）坤下巽上，巽為長女，坤即母親。長女在外的所言所行，最好能模仿在內的母親，這才合乎觀道。臨卦（䷒）兌下坤上，兌為少女，坤即母親。自高看下叫做臨，母親由上看在下的少女，愈看愈喜悅，引申為長上對屬下、長輩對幼輩，以至於君王對百姓，都要抱持著喜悅的心情。觀卦為什麼「有孚」呢？因為在上者的一舉一動，都會成為注目的焦點，千萬不能掉以輕心，或輕率行動。在這種情境下，誠信嚴正的可能性通常比較高。至於臨卦有凶，主要在有志之士積極參與，但挽救危亡的時機稍縱即逝，時不對便凶。

大壯卦（䷡）是觀卦（䷓）的錯卦，為什麼二陰在上、四陽在下稱為大壯，而二陽在上、四陰在下卻取名為觀呢？因為《易經》扶陽抑陰，以陽為君子、為大，而視陰為小人、為小。陽爻由初到四，象徵陽長過中，其勢強盛，所以稱大壯。但是大壯雖然壯盛，各爻的吉凶並不相同，還不如觀卦。只要遵循觀道，應該可以无咎。把大壯卦（䷡）顛倒來看，便成為遯卦（䷠）。下有二陰正在伸長，君子不得不退避。其實隱士也有值得尊敬的地方，並非每個人在任何時刻都應該全力奮進。只要能將這些相綜、相錯的卦象，對照賞析並加以揣摩，自然能夠對《易經》中關於象數的某些法則了然於心。

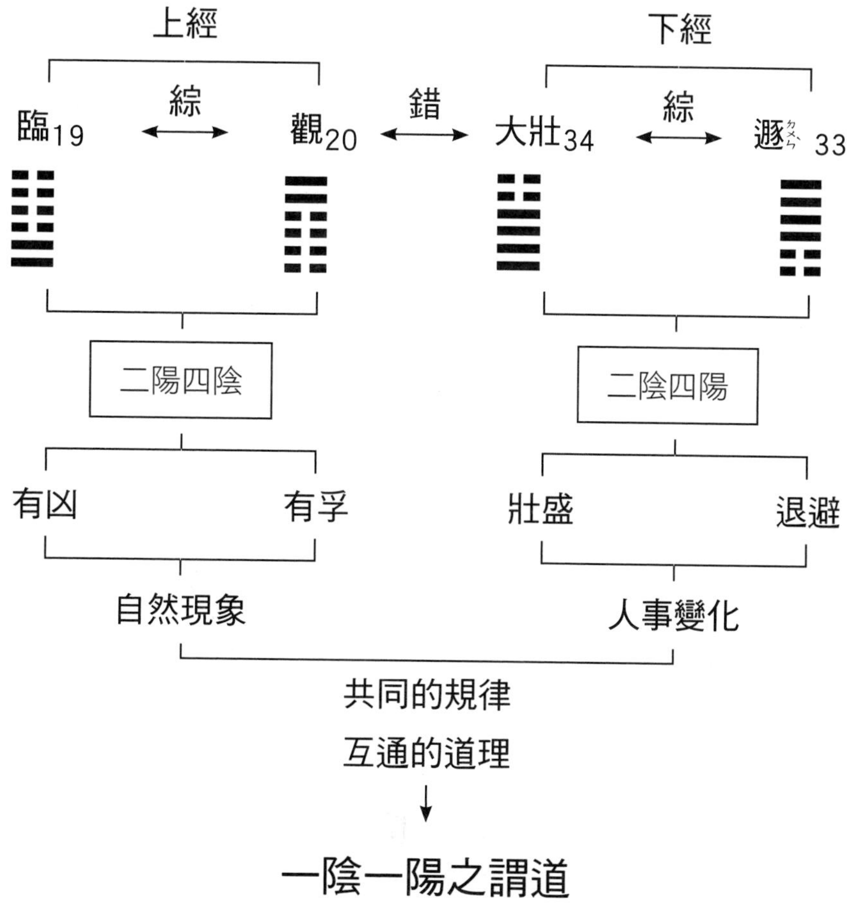
上經
下經
綜
錯
綜
臨19
觀20
大壯34
遯ㄉㄨㄣˋ 33
二陽四陰
二陰四陽
有凶
有孚
壯盛
退避
自然現象
人事變化
共同的規律
互通的道理
一陰一陽之謂道

六、從天時人和地利來觀卦

依易學觀點，天時、人和、地利都是數。一卦六爻，初、二這兩爻重地利；三、四這兩爻重人和；而五、上這兩爻則重視天時。我們常說「天時不如地利，地利不如人和」——其中特別加重了「人」的責任，也可以說是對人生價值予以提升。

觀（䷓）、臨（䷒）、大壯（䷡）、遯（䷠）這四卦，正好都在十二消息卦之中，和天時有十分密切的關係。臨是十二月，大壯二月，觀指八月，而遯即六月。十二月陽逐漸成長，由下向上逼迫陰；到了八月，又是陰盛陽衰的季節，所以臨卦卦辭明白指出「至于八月有凶」。我們可以這樣說：每年的陽氣，始於十一月的復卦（䷗），經過十二月的臨卦（䷒）、正月的泰卦（䷊）、二月大壯卦（䷡）、三月夬卦（䷪）、四月乾卦（䷀），到達極盛時期；接下來陰氣始於五月姤卦（䷫），陽氣逐漸消退，經過六月遯卦（䷠），已有明顯的陰長陽消。遯卦與臨卦，陰陽爻剛好相反，象徵性格相反的錯卦，便是由此而來。由十一月到六月，有八個月的時間，所以說「至于八月有凶」，也可以說八月的觀卦與十二月的臨卦，兩卦的卦形恰好完全相反，成為綜卦。小人得勢，因此說「八月有凶」。易學重視天時，因為時也、命也，是影響一切事物變化的根本要素。我們之所以說「天時不如地利、地利不如人和」，實際上是勉勵人們減少對天時、地利的依賴性。大家重視以和為貴，發揮家和萬事興的精神。共同趨吉避凶，謀求最大的幸福。同時，盡人事之後，便要聽天命。無論哪一種結局都是好的，都要歡歡喜喜地接受。

十二消息卦（依農曆月份計算）

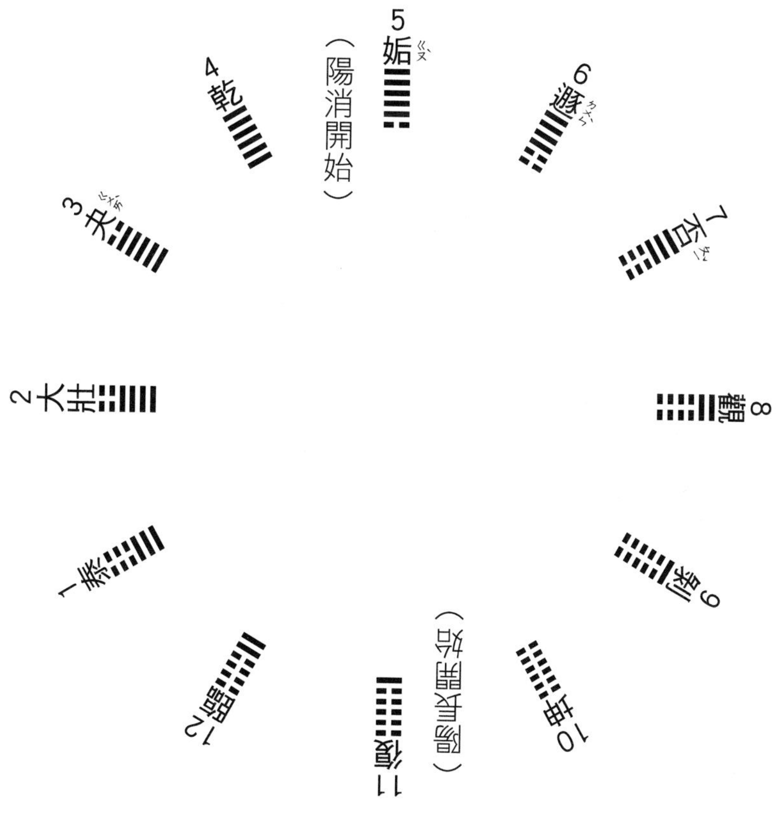

我們的建議

1 漢代以後，《易經》分成「象數」和「義理」兩大派。象數派最初以卦象為本，解釋卦爻辭的含義，以占卜吉凶禍福為主要目的。又加入陰陽五行讖緯災異的說法，逐漸形成算命、占卜的風氣，民間流傳甚廣。

2 義理派則依據易理，解釋宇宙人生一切事物的現象和演化，研究其中的道理。主要在分析相同、相反、相合、相似、相異、以及相成的原理，並且實際加以應用。

3 易學主張一分為二、二合為一。為了研究的方便，分為象數、義理，固然不無道理。然而分了之後，倘若不能合在一起，而各自分道揚鑣，必然各有所偏，也各有所失。不如象數理一氣呵成，才合乎「一陰一陽之謂道」的精神。

4 象數理之外，實際上還有氣。一氣呵成，原本是一以貫之的關鍵所在。我們在恰當的時候會提出來討論。象數理氣，連鎖作用的過程中，「化」是不可缺少的一環。

5 象數的背後，必有其看不見的理。由於看不見，所以理不易明，加上理會變動，所以由象數入手來推理，應該是比較妥當的方法。把象數當做推理的主要參考依據，當然可行。

6 如何由象數進行推理，是我們還原周文王當年寫卦辭、置爻辭的重要依據。六十四卦的巧妙安排，和其中分別闡明的道理，應該是在觀象明數之後才逐步完成的。

《第五章》

如何
由象數推出理來？

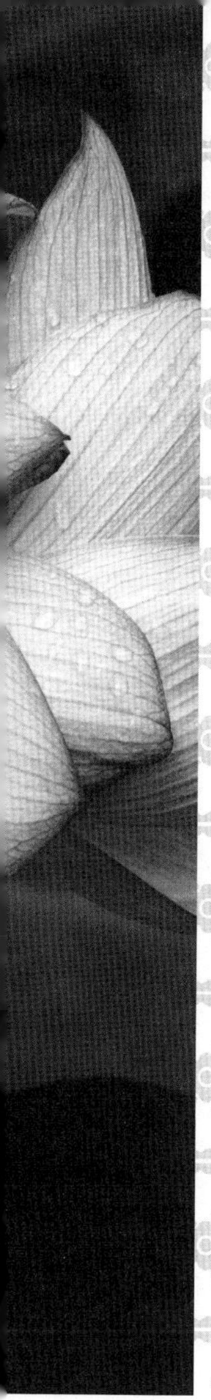

現代人重視數據、配合現象、推出道理，
其過程原本就是象數理連鎖作用的實際運作。

周文王當年，想必也是如此這般，
然後才依據易理，寫出卦辭和爻辭。

我們解卦時，先心中有數，
再觀賞卦象，推出其中的道理。

卦的本意，是懸掛在明顯地方，
供大家觀看，務求能夠一目瞭然。

易理首先以最簡明的二分法，
將萬事萬物分出相對的情況，十分清楚。

但是分了之後，務必要合起來想，
這才是最為重要的一陰一陽之謂道。

一・藉數知象而且數不離理

象數的觀念，應該是起於春秋時期。《左傳・僖公十五年韓簡》記載：「龜象也，筮數也。物生而後有象，象而後有滋，滋而後有數。」商代盛行將龜的腹甲以火灼烤，依其所產生的裂痕，觀看所顯示的徵兆，以做出合理的推測。後來龜甲不敷需求，才改用牛骨。周朝推翻殷商之後，牛在農業社會的重要性備受關注，因此改用蓍ㄕ草，以筮代卜。實際上，卜與筮兩者具有相同的功能，只是工具稍有不同而已。卜重象、筮重數。而易學中所說的「物」則是廣義的，包括了人事物在內。人事物產生變化，呈現出不一樣的象。象的變化，表現出物的滋生，也就是繁殖、增加的意思。有了這種滋生變化，才有數的增減。這是就眼睛看得見的部分，來加以說明的。

〈繫辭上傳〉說：「參伍以變，錯綜其數，通其變遂成天地之文，極其數遂定天下之象。」天地萬物萬事的變化，有其數的規律，受到一定數目的支配。天地之數可推，萬物之數也可定。極盡數的變化，就能確定天下的物象。

研究象數最有成就者，當推北宋的邵康節。他認為數先於象，象先於物，而太極又是數的根本。我們則把「數不離理」當做「藉數知象」的基礎。因為專重易理，會把易學哲學化，無法呈現出易學的本來面目；然而專重象數，又很容易將易學宗教化，甚至墜入迷信之列。唯有象數理合起來想，產生連鎖作用，才能兼顧並重。知象知數又知理，當然較為周全。現代重視數據，配合真實的現象，推出所以如此的道理。實際上就是象數理的連鎖作用，於生活上的良好運用。

子曰：「吾道一以貫之。」

↓

孔子的全部思想，有一個基本原理貫穿其中，

那就是：

藉數知象，數不離理。成為中國古代思想的基本線索

↓

象數學

↓

認為宇宙中有若干根本的象， 宇宙中的萬事萬物， 都由這些根本的象， 互相錯綜變化而成。

↓

過份強調象數，容易流於迷信

二・中西觀象明理習慣不同

《三字經》說：「性相近，習相遠。」人類分佈在世界上的各個地區，人性是相近的，但所發展出來的習慣卻差距甚遠。我們所用的文字，由模擬自然的形象而來；歐美人士，則採用簡單方便的代號拼音。我們書寫時是由上而下，再由右而左；現代則大多由左而右，再由上而下，顯然是受到歐美的影響。這種後天產生的習慣，很可能是受到地球旋轉運動的自然現象，以致形成兩種不同的意識形態。我們喜歡把自己和自然合而為一，西方人則習慣於將自然現象當做研究的對象，並不存有天人合一的觀念。我們做學問，講求「太極生兩儀、兩儀生四象、四象生八卦」的單一體系，並且實事求是，不以任何假設為依據。西方人做學問極重視專業，各學科之間，既無共同的根，彼此又不能互通，愈分愈細，愈鑽愈深，以致科學愈進步，人類的思想反而愈分歧，難以溝通整合。往往是各自提出假設、分別提出實證。在經歷了一段時間之後，才發現原來是偽證，害死了很多人。

易學的共同認識，來自於古聖先賢經由仰觀、俯察、近取、遠法的歸納，再藉助於心領神會的證悟，推出宇宙的本象即為生生之理。伏羲氏一畫開天，其實是古聖先賢歷經艱辛，悟出了「一」這個符號，便是在沒有文字之前，用來代表「生生」的符號，這才加以認定的。孔子取名為「太極」，從此一切學問，都以太極為共同根源。既能分也能合，稱為一理萬殊。無論從哪一個角度切入，都能夠殊途而同歸，成為中華文化得以萬變不離其宗的特色所在。

中西觀象明理有不同方式

中國

把自己和自然合而為一，
採取天人合一的思路。
以自然為師、
向自然學習，
以自然為評核萬事萬物的標準。
主張順乎自然，
但不能聽其自然。

西方

將自然當做研究的對象，
採取人定勝天的思路。
要改造自然、
向自然挑戰，
以求新求變為動力。
主張創新，
重視自我、自信。

很可能是受到地球旋轉運動的自然現象，
而形成中西不同的思路與行事方式。

三、易經提供正確有效思路

《易經》並不是現代所說的知識，它的功能在提供一種正確而有效的思想，可以稱之為智慧。如果《易經》是知識，很可能早就失傳了，因為知識改變很快速，不出二、三十年，新的就會取代舊的。現代更是愈變愈快，所以關於知識的書，大概只有五年的壽命，過期作廢，實在是無可奈何的一種資源浪費。《易經》是智慧，而不是知識。所以能夠歷經時代的變化，依然經得起嚴苛的考驗，可說是一部十分珍貴的寶典。

智慧的具體表現，是思路。一個人的思路，決定了這個人的行為態度。一個人的言行舉止，決定了這個人的內在與外在關係。包括人與天、人與地、人與人、人與事物的各種關係，都歸根於這個人的思路，及其所衍生的言行態度。當然一個人的內外關係，就會決定這個人的吉凶禍福，也就是這個人依據「自作自受」的自然法則所必須承受的必然後果。〈繫辭傳〉再三提示：「自天佑之，吉无不利」，便是這種歷程所推演出來的結果。

我們研讀易學，必須秉持這種自伏羲以來便一以貫之的思路。觀賞易卦，應該想像伏羲畫卦時的自然現象，不能以現代的自然現象來判定，因為已經有了太多的變化。所以借重《易經》、〈易傳〉，循著古聖先賢的思路，一路走下去，才能深得其中奧妙。倘若處處站在西方的立場、抱持西方的思路、採取西方的標準來觀象明理，很可能格格不入，甚至造成扭曲和錯亂。正本清源，持經達變，務求萬變不離其宗。應該是明象數、推義理的不二途徑。

觀賞卦象，應以伏羲時代的自然景象為準

天底下沒有高樓大廈，
水流未經人為改造，
氣候變化尚屬正常。

人類過著簡單生活，
以漁獵為主，
衣物都十分原始。

最好借重《易經》、〈易傳〉的指引，
循古聖先賢的思路，
一路走下來，
更能夠參透其中的奧妙。

現代人喜歡站在西方立場，並採取西方觀點來研讀易學，不免有所偏，而覺得一無是處。

四、以高度憂患意識來推理

〈繫辭下傳〉說：「作易者，其有憂患乎？」什麼叫做「憂患」？那就是在安樂時，不忘思及可能發生困苦和危難，目的在於能未雨綢繆、預先做好準備，以免措手不及。《易經》認為：大自然與人類社會有共通的現象，那就是陰陽、剛柔、奇偶等不同的性質，分別居於貴賤、幽顯、內外等不同的位置。一旦發生變動，便產生交錯、聚分、出入、往來、負勝、終始等不同的變，因而造成「存亡」、「治亂」、「成敗」、「安危」等不同的結果。我們最好依據其是非、利害、失得、險易等不同的數，來推斷其吉凶、悔吝、无咎等不同機率，進而謀求解憂防患的道理，並將其付諸實踐。

譬如臨卦（䷒）兌下坤上，二陽爻在下，有向上發展的趨勢。但是卦名為臨，有親臨、光臨、蒞臨的意思。《易經》陽為君子而陰為小人，臨卦象徵有才德的君子，深入小人的群體，親臨現場瞭解實際狀況。打算從下往上成長，以期逐漸逼迫上面四陰爻不再為非作歹，使其恢復應有的行為。臨的作用，在消極方面為監督、警惕；積極方面則為調整、防護。臨卦（䷒）以兌下坤上取象，取自於大自然「澤上有地」的景象。沼澤上有地，限制水的流動，比較容易將水保留下來。一方面可以免於乾旱，一方面也能夠防止氾濫成災。然而臨卦在十二消息卦中，為陽氣漸盛的十二月。八個月後，走到遯卦（䷠）。二陰爻在下，陰氣漸盛，與臨卦正好相反。因此預先防患，警示大家在臨卦時，就應該預先想到將來遯卦時的景氣，並提出「八月有凶」的警語，其目的便在於此。

漢朝董仲舒建議罷黜百家，
獨尊儒家孔子，
實際上他喜歡陰陽五行，好談靈異，
對後代產生很多不良影響。

〈易傳〉倡導憂患意識

孔子反對怪力亂神

漢代以後似乎都偏離了

↓

現代人最好能以憂患意識來因應：
氣候異常、海水高漲、環境惡化等現象。

五 · 依象位看變數推出道理

〈序卦傳〉說：「有事而後可大，故受之以臨，臨者大也。」這裡的「事」，指的是蠱卦（䷑）。「蠱」的本意為惑亂。匡正惑亂的事，才是我們所應該做的事。有了匡正惑亂的事，才能夠使功業盛大，所以說「有事而後可大」。那麼「臨」為什麼是大呢？因為臨卦（䷒）象徵二陽逐漸成長，而陽為大，所以說「臨者大也」。它所揭示的道理，便是有了事端，才能夠大有發展。倘若躬逢其時，千萬不能坐而待之，必須積極參與。

把臨卦（䷒）的上下卦分開來看，下兌為悅，上坤為順，凡事愉悅而且順從，當然可以亨通。九二陽剛，居下兌中位，與上坤六五陰陽相應，象徵前進的可能性很大。所以只要慎始，固本培元，加上堅持合理的正道，必然有利。遯卦（䷠）剛好相反，艮下乾上。艮為山而乾為天，天下有山，象徵山再高，也難以接近天。山愈高而天愈退，所以卦名為遯。〈序卦傳〉說：「物不可以久居其所，故受之以遯；遯者退也。」有了天地，然後才有萬物；有了萬物然後才有男女、夫妻、父子、君臣、上下的規範，此時最需要的是「恆」。然而事物不可能恆久地處於定位，所以接下來是遯卦。「遯」是退避的意思。天下的山，向天進逼。九五剛中，與六二柔中相應。這時的九五，不但退避，而且還能把握時機，退得合情合理。把臨卦和遯卦這兩個相錯的卦合在一起看，從象位和變數，可以推出為什麼「臨為大」而「遯為退」的道理。然後依據六爻的陰陽交互，以及爻位的各種關係，自然可以產生象數理的連鎖作用，輕而易舉！

中華民族喜歡講道理，
目的在於改善生活，所以一定要表現在生活之中。

↓

把所知的道理實踐於日常生活中，
可以獲很大的樂趣，
所以說：知之者不如好之者，
好之者不如樂之者。

↓

我們更應注重道德修養，
以涵養為致知之道，
經常依象位看數的變化，
然後推出若干道理，
幾乎人人對於未來變化，
都是心中有數。

六、爻的性質與時位有通例

〈繫辭下傳〉說：「易之為書也，原始要終以為質也。六爻相雜，唯其時物也。其初難知，其上易知，本末也。初辭擬之，卒成之終。」《易經》這一本書，講求事物的原始，歸納事物的終結，以事物的本質組成各卦的實體。六爻剛柔互相錯雜，不過代表某一事物在某一時間的變化。通常的情況，是初爻象徵事物剛剛開始，其意義比較難以瞭解；上爻則象徵事物終了，比較容易看得明白。因為初爻是根本，跡象不明顯；而上爻是末端，事物的形象已完全顯露，所以很清楚。又說：「二與四位同功而異位，其善不同。二多譽，四多懼，近也。柔之為道，不利遠者，其要无咎，其用柔中也。三與五同功而異位，三多凶，五多功，貴賤之等也。其柔危，其剛勝邪？」二爻和四爻，作用相同，但位置不同。二、四都是陰位，二在下卦中爻，遠離五的君位，所以多譽。四接近君位，容易冒犯，經常在恐懼中。柔的本質軟弱，必須依附他人，對於追求遠大的作為反而不利。它所想要的，其實在避免禍害。它的效用，則在於柔順而合理。三爻和五爻，也是作用相同而位置不同。三、五都是陽位，五居上卦的君位，當然多功績。三在下卦頂端、極位，自然多凶險。如果認為柔弱象徵危險，剛陽代表勝任，那可就不能一概而論。至於三才之道，有天道，有人道，有地道，也應該一併列入考慮。再回頭藉數知象，而又依象數推理。抱持這樣的心態，來看待卦辭、彖辭、爻辭以及大小象，應該可以明白其中的精義。

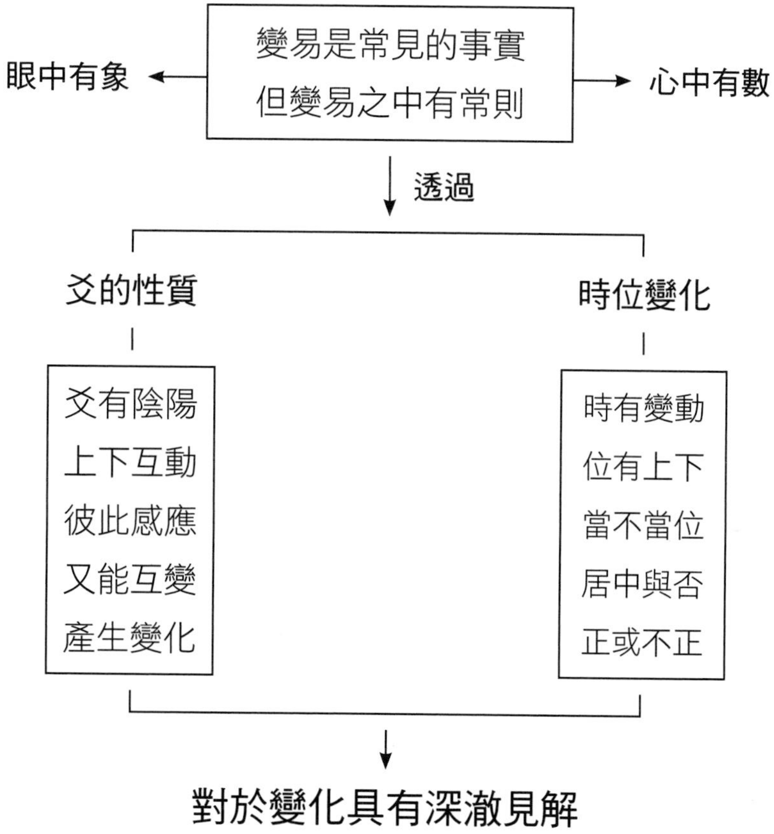
變易是常見的事實
但變易之中有常則
眼中有象
心中有數
透過
爻的性質
時位變化
爻有陰陽
上下互動
彼此感應
又能互變
產生變化
時有變動
位有上下
當不當位
居中與否
正或不正
對於變化具有深澈見解

我們的建議

1 數由心生，所以我們常說心中有數。象從數出，不同的心念，看同一現象，往往所見並不相同。觀象明理，再窮理推數。象數理三者，是易學的三項基本要素。

2 〈繫辭上傳〉說：「知變化之道者，其知神之所為乎？」《易經》所重視的變化之道，蘊藏於內的稱為數，顯現於外的便是象，其中自有必然如此的道理，三者缺一不可。

3 「神」的意思，是神妙、神奇。〈繫辭上傳〉說：「易无思也，无為也，寂然不動，感而遂通天下之故。非天下之至神，其孰能與於此？」易本身沒有思慮，也沒有作為，寂靜不動，卻能透過陰陽交感，而得以通曉天下萬事萬物。倘若不是天下最神妙的道理，又怎麼能夠達到這樣的境界？

4 易數稱「奇偶」，不叫「單雙」。因為「單雙」只能表示數目，而「奇偶」則兼顧陰陽。同樣的數，可以造成不一樣的象。奇數起於一、三，成於九、七；偶數起於二、四，成於八、六。

5 陽為實，象徵大、富、正、明、前、右、君子；陰為虛，象徵小、貧、邪、暗、後、左、小人。扶陽抑陰，與貴賤無關，主要目的在於加重陽的責任，所以稱陽為大。

6 對於綜卦、錯卦，以及綜卦的錯卦，錯卦的綜卦，最好能兼顧並重，合起來看，期能更深一層看出卦的用意。我們在觀卦（䷓）之後，接著要來看它的綜卦，也就是臨卦（䷒）。

《第六章》

臨卦六爻
說了些什麼？

臨卦（䷒）四陰與二陽相接近，
陰雖畏陽，卻不甘退讓，互相對峙。

下兌（ㄉㄨㄟˋ）上坤，象徵澤上有地，
地比澤高，所以有居高臨下的意思。

澤上有地，地在上、水在下，以高對低，
引申為長上對部屬，臨事臨民的互動情況。

事在人為，有人才有事，
臨事臨民，都與人事相關。

臨卦六爻，都在說明對人的心態，
應以誠正為宜，不能花言巧語、存心誘惑。

一直到臨道終了，仍然以敦厚為本，
禮賢下士，順應剛正，才是慎始善終的臨道。

一◦咸臨象徵依正道以獲吉

臨卦是上經第十九卦，與觀卦互為綜卦。臨卦（䷒）卦辭說：「臨，元、亨、利、貞。至于八月有凶。」臨為卦名，元、亨、利、貞合稱四德，代表「以通神明之德」的最高自然法則。六十四卦中，只有乾（䷀）、坤（䷁）、屯（䷂）、臨（䷒）、隨（䷐）、革（䷰）、无妄（䷘）這七卦俱有此四德，但各有不同條件，性質和含義也不同。臨卦的警語，即為「至于八月有凶」。臨卦的主動力量，在初九和九二這兩陽爻，所以到了農曆八月，陽氣日衰的時令，將有凶險，必須預先做好準備。十二消息卦中，復（䷗）為「一陽來復」，象徵十一月陽氣始生。臨為十二月，由一陽生到二陽長，開始進逼於陰，所以稱為臨卦。臨有光臨、蒞臨、監臨、監督的意思。

初九爻辭：「咸臨，貞吉。」小象說：「咸臨，貞吉，志行正也。」復卦（䷗）一陽始生，臨卦（䷒）初九，以初升之陽，與九二並聯，其勢不可擋。初九陽居陽位，上與六四相應，又有九二同樣與六五相應。加上臨卦六爻，倘若初二、三四、五上，兩兩相併，呈現震（☳）的大象。表示冬天潛藏在地下的熱能，到了春天來臨時，開始活躍起來。藉著春雷一動，隨即將這股能量釋放出來。「咸」為感應，春雷將空氣中所蘊藏的大量氮氣變成氮肥，為萬物所吸收，因而造成萬物甦醒、大地回春的感應。對於春雷來臨，只要保持貞正、適時適地，自然可以獲得吉祥。初九心志正大、行止光明，所以說「志行正也」。初九與六四都居於正位，以正相應，互相感應，不含任何邪念，以正道感應而獲吉，即為「咸臨」。

（初九爻變成師卦䷆）

臨 ䷒ 19

初九，咸臨，貞吉。

初九陽居陽位，與六四相應。初九和六四都當位，以正相應，不含任何邪念。初九又與九二並聯向上升進，其勢不可擋。臨卦六爻，倘若將每相鄰兩爻，兩兩相併，就會呈現出震的大象。初九與九二正好是震卦的主爻，藉著春雷一動，這股潛藏於地下的熱能，便開始活躍起來。「咸」為感應，春雷將空氣中的大量氮氣變成氮肥，為萬物所吸收，因而造成萬物甦醒、大地回春的感應。只要保持貞正、適時適地，自然可獲吉祥。

對人對事，以正道感應，才能獲致吉祥

二、九二與初六並聯齊咸臨

臨卦（䷒）彖辭說：「臨，剛浸而長，說而順，剛中而應。大亨以正，天之道也；至于八月有凶，消不久也。」彖辭的用意，在解釋卦辭的意義，分析卦體的結構，並將主要的爻位關係做出重點詮釋。初九、九二兩爻為「剛」，「浸」是漸進的意思。陽剛逐漸增長，和悅而溫順。「說」即悅，下卦為兌為悅，上卦為坤，所以「說而順」。「剛中」指九二，以陽剛居下兌的中位，與六五（上坤的中爻）相應，即為「剛中而應」。卦辭中有元、亨、利、貞四德，但臨卦與乾卦不同，特別提示「大亨以正」。用「大亨」表示和「元亨」有一些差距，必須具備「剛浸而長、說而順、剛中而應」這三個要件，並且持之以正，才能大為亨通。陽長陰衰為天道，君子道長小人道衰則是人道。天道有規律變化，到了農曆八月，又將陰長陽消。由現在正當十二月，可推測八月的可能變化，預知陽不久後便會由長而消，所以說：「八月有凶，消不久也」。

九二爻辭：「咸臨，吉，无不利。」小象說：「咸臨，吉，无不利，未順命也。」九二以陽居陰位，又是下兌中爻，不當而中。下有初九相助，象徵同心協力，趁時奮起，所以吉祥。上與六五相應，所以无不利。為什麼「吉」之後要加上「无不利」呢？因為二陽協力，仍有四陰迫臨，不能說大吉大利。和彖辭對應來看，離大亨以正，還有一段距離。九二與六五，雖然相應。卻都不是當位，幸好都居於中爻的位置，感應得中，所以吉。九二剛中與六五柔中，剛柔相濟，所以无不利。但是後面的凶禍、陰影還在，必須更加謹慎。九二以剛應柔，並非順命，所以說「未順命也」。

（九二爻變成復卦䷗）

臨 ䷒
19

九二，咸ㄒㄧㄢˊ臨，吉，无不利。

九二並不當位，但居於下兌ㄉㄨㄟˋ中爻，算是不當而中。下有初九相助，上有六二相應，所以和初九一樣，不含任何邪念，互相依正道感應，稱為「咸臨」。為什麼要說「无不利」呢？因為九二以剛居陰位，而六五以柔居陽，兩爻都不當位，卻都居於下兌ㄉㄨㄟˋ和上坤的中爻，能夠上下互相協調，共同以中庸之道相感應。因此原本可能不利的，也變成无不利。

同心協力，互相依正道感應，很容易協調而无不利

三、花言巧語的甘臨无所利

臨卦（䷒）大象說：「澤上有地，臨；君子以教思无窮，容保民无疆。」〈大象傳〉依上下卦的互動，由自然現象引申為人事的應對之道。臨卦（䷒）下兌上坤，兌為澤，坤為地。究竟是地下有澤，還是澤上有地呢？大象的選擇，是澤上有地。陸地高出沼澤，澤水逼臨陸地，陸地也監臨澤水。陸地和澤水，是互親抑或互侵？看起來是一體兩面，既互親又互侵。易學倡導正面、積極、向上（善）的思路，所以選擇互親的方式。地可以容納澤水，卻也規範澤水，不使其氾濫成災。君子秉持這種思路，不斷思慮教化的措施，所以說「教思无窮」。目的在長久包容並保護人民，也就是「容保民无疆」。符合坤卦彖辭所說：「德合无疆、行地无疆、應地无疆。」教養民眾的責任，對君子而言可謂无窮无疆。

六三爻辭：「甘臨，无攸利。既憂之，无咎。」小象說：「甘臨，位不當也；既憂之，咎不長也。」「甘」指花言巧語，「憂」即憂懼。六三以柔居剛位，又是下兌的究位，一方面過於柔弱，一方面不中不正。但就下兌（☱）來看，由於陰卦多陽，這一爻是下兌的主爻。「兌」即悅，六三不由中正之道，企圖憑藉甜言蜜語，來取悅、討好、誘騙眾人，當然无所利。不過，易學的「一陰一陽之謂道」，啟示我們：凡事都有轉圜的餘地。所以既然明白花言巧語的甘臨，收不到任何效果，就應該能夠知所憂懼，警惕上六不與六三相應，感而無應。六三以一陰乘陵在下的兩陽爻，是一種逆而劣的現象，應該趕緊悔改，自我調整，以求禍害不致長久。

（六三爻變為泰卦䷊）

臨 19 ䷒

六三，甘臨，无攸利。既憂之，无咎。

六三以柔居陽位，是失位的爻。又與上六不相應，有感卻無應。採取花言巧語的方式，以誘惑的手段臨事、臨民，所以稱為甘臨。這種缺乏誠意的結果，當然是无所利。六三以一陰乘陵初九、九二兩陽，有憂厄之象。倘若心理上有這樣的憂慮，確實明白自己的處境實在是履非其正，因而知所悔改，也能夠无咎。

採取巧言令色的誘惑手段，必將導致憂危，最好及時悔改

四・上承六五下比於兌无咎

臨卦（䷒）下兌上坤，兌是少女，坤為母親，上下卦的關係有如母女。看到母女情深，使我們領悟到「大亨以正」的重要性。母女之間當彼此相親、相敬以誠、仿效天道，尋找共同的合理點。否則過份嚴厲則不親，過份溺愛即放縱。將來少女出嫁離家，必將禍害丈夫全家，做母親的又於心何忍呢？母女共處的時間，不可能太長。「八月有凶」便是由於期限早有定數，不能等待臨出嫁前才加以教誨，那時恐怕為時已晚。所以要把握有限的時間，做好教養的工作，才是合理的臨道。

下兌三爻，初九、九二都是咸臨。六三為兌的主爻，反而无所利。表示臨道不能採取「甘臨」的方式，甜言蜜語可能迷惑於一時，終究無所收獲。《論語・學而篇》記載：「子曰：巧言，令色，鮮矣仁。」應該是最好的寫照，可為臨道之大忌。六四爻辭：「至臨，无咎。」小象說：「至臨，无咎，位當也。」六四以柔居陰位，是當位的爻，又與初九相應，所以无咎。為什麼說「至臨」呢？六四居上坤的始位，與下兌緊密相鄰。「至」字的意思，是承上接下，把陸地和澤水連接在一起，有十分親近的象徵。《說文》：「至，鳥飛從高，下至地也。」六四就像鳥在高空飛翔，眼睛非常敏銳，對準地上的目標直撲而下，而目標是什麼呢？就是剛居陽位的初九。初九原本還有一些「潛龍勿用」的顧慮，在得到六四的陰陽相應後，這才勇敢地和九二同心協力，發揮臨道的功能。可見六四能夠任用並支持賢能的初九，也是「位當也」的具體表現。六四不以陰柔而行邪惡之事，且能上承六五，又下比於兌，當然无咎。

（六四爻變為歸妹卦䷵）

臨 19 ䷒

六四，至臨，无咎。

六四當位，又與初九相應。位於上坤始爻，與下兌ㄉㄨㄟˋ緊密相鄰。「至」的意思是承上接下，有如鳥在空中飛翔，眼睛十分敏銳，對準地下的目標直撲而下。六四的目標就是初九。初九原本還有一些「潛龍勿用」的顧慮，有了六四的陰陽相應，才勇敢地和九二同心協力，發揮臨道的功能。六四不以陰柔而行邪惡之事，且能上承六五，下比於兌ㄉㄨㄟˋ，當然无咎。

用心承上啟下，做好協商工作，自然无咎

五、知人善任才能無為而治

臨卦（䷒）兌（ㄉㄨㄟˋ）下坤上，象徵澤上有地，也就是陸地在沼澤之上。陸地比沼澤的水面還要高，有居高臨下的象，所以「臨事臨民」，成為臨道的大事。「臨事」便是對事，而事在人為，因此對事必須對人。臨卦六爻所說的都是對人的道理。居高臨下，引申為上對下的關係。臨卦以九二為卦主，本著剛健之德來賢臨天下，所以「大亨以正」，合乎天道。九二並不是君位，如何發揮「咸臨」的精神呢？這是因為六五的「知臨」能夠知人善任，使九二獲得大力支撐，才能共同完成臨道大業。

六五爻辭：「知臨，大君之宜，吉。」小象說：「大君之宜，行中之謂也。」「知」是智，具有知人善任的智慧，而且是大智。《中庸》說：「惟天下至聖，為能聰明睿知，足以有臨也。」只有天下最偉大的聖人，能夠具備耳聰目明而又深明靈敏的大智。足以居高臨下，善於用人，而不剛愎自用。六五是君位，所臨的人何止千萬？所臨的事豈能計數？倘若事必躬親，樣樣要自己來，實在不是一個人的時間、精力所能勝任。所以大君之智，在於知人善任。六五以柔居上坤之中，象徵居至尊之位，能夠秉持合理的臨道，下與九二相應，給予賞識和支持，才叫做「知臨」。以智慧來臨事、臨民，也才是「大君之宜」。把大肚能容的無為而治，拿捏得十分合宜。既得「大君之宜」，自然吉祥。六五居上坤中爻，是行中道的大君，所以說「大君之宜，行中之謂也」，啟示我們：高明的領導者，要以智慧運用組織的力量。六五以高尚的人格感召，以恩威並濟維持紀律，實無為而無不為的施政，即為「知臨」。

（六五爻變成節卦䷻）

臨 ䷒ 19

六五，知臨，大君之宜，吉。

「知」即智，具有知人善任的智慧，才有可能成為大君，也就是大智慧的君主。六五以柔居上坤中位，象徵至尊而行中道，下與九二相應，表示給予充分信任和支持，所以稱為「知臨」。把無為而治、大肚能容，表現得恰到好處，當然是大君之宜，因而獲得吉祥。

無為而無不為，能知人善任，才是高明的領導者

六．忠厚真誠行善必獲吉祥

臨卦（䷒）「八月有凶」的警語，藉由天氣漸冷、陽氣漸衰，來譬喻君子的情勢漸趨消弱，而小人日愈得勢。預先提出警戒的宣示，希望大家能做好準備，嚴加防患。初九、九二兩陽爻潛伏在下，合力向上增長、發展。初九與六四、九二與六五，剛柔互相適應。九二剛中與六五柔中，又都能秉持中道，這是宇宙萬物發展的共通原理。然而到了陰盛陽衰的季節就會產變化。我們就人事而言，必須真誠處事待人，以人力來預防君子道消而小人道長的災厄。臨卦在六五「知臨」之後，提出上六「敦臨」的期望，便是大象所說的：「君子以教思无窮，容保民无疆。」臨卦四、五、六爻皆吉，即為和悅而溫順的現象，證明正己然後能正人的道理。

上六爻辭：「敦臨，吉，无咎。」小象說：「敦臨之吉，志在內也。」《易經》通例是以上卦為外、下卦為內。上六居全卦的極位，卻能夠「志在內」，全心全意照顧下兌（ㄉㄨㄟˋ）三爻，一方面支持初九、九二，一方面警惕六二。「敦」的意思是敦厚，也就是存心忠厚、尊重賢人，並且實踐善事。坤地以及上六變爻為上九所形成的艮（ㄍㄣˋ）止，都有「敦」的象。「敦臨」是以敦厚的心情，來監臨眾人，出乎真心，毫不偽裝、造作，所以吉祥，不致於發生差錯。上六以柔居陰位，既當位又能「志在內」，敦厚地與初九、九二兩剛相應，也暗寓上六警惕六三，使其能自我反省而變為九三，於是臨卦（䷒）形成泰卦（䷊），符合「剛浸而長」的用意。易道著重未來，將來有應，也是上六吉祥的因素。否則內不與六三相應，怎麼可能會吉呢？

（上六爻變成損卦䷨）

臨 19 ䷒

上六，敦臨，吉，无咎。

上六居外坤之上，象徵坤厚。表示處於臨道之終，仍然以敦厚之道臨事、臨民，所以稱為「敦臨」。上六不與六三相應，卻能內順初九、九二兩陽爻，有順應剛正、俯就賢能的氣度，當然能夠吉祥而无咎。

忠厚誠懇地順應剛正、俯就賢能，自然能夠吉而无咎

我們的建議

1 臨卦（䷒）大象，明白指出澤上有地。主要在提醒我們：臨卦重在使人心悅誠服，所以不說「地下有澤」，而說「澤上有地」。本末輕重，點得十分清楚。以澤為重，因此九二成為卦主。

2 臨卦（䷒）下兌上坤，也可以看成「地下有澤」。但是如此一來，就會變成以地為主，只管地下有沒有澤水，與臨道並不相合。所以還是以「澤上有地」為宜，不應該胡亂加以改變。

3 「八月有凶」旨在提醒大家，必須預先做好防患措施。不要消極地認為反正時機改變、情況不同，便聽天由命，凡事聽其自然，什麼事情都不用做——這種心態豈不是坐以待斃嗎？

4 我們不是常說「順其自然」嗎？的確，人的能力畢竟有相當的侷限性，沒有辦法完全不理會時機的變動。但是，事先預測、加以預防，至少在事態嚴重時，不致手忙腳亂、不知所措。隨時做好心理上的準備。就能在面對危難時，保持冷靜與持重的態度。

5 臨卦（䷒）初九、九二居於下位，象徵君子深入民間，體察大眾的心聲。同時身臨現場，也能夠即時化解危難。至少可以防止事態擴大、無法善後。君子深入民間，還可以為國舉才，以免良才埋沒在野，不利於社會。

6 臨卦（䷒）的前一卦為蠱卦（䷑），臨卦的後一卦為觀卦（䷓）。「蠱」為惑亂，「臨」即監臨，而「觀」是觀瞻。可見匡止惑亂，需要監臨；監臨能否適宜，還需要具備好「觀」的功夫。

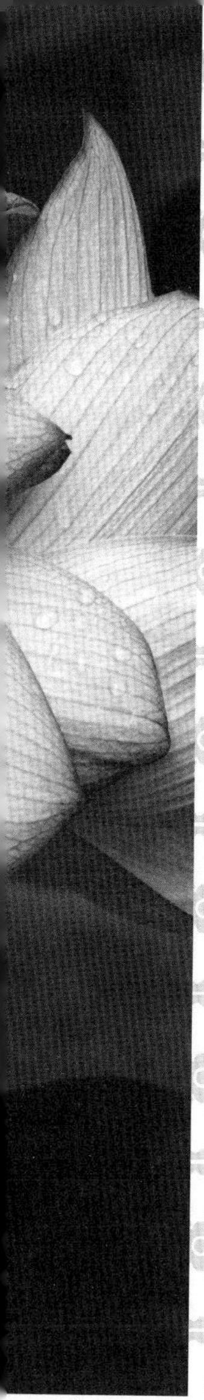

《第七章》

如何
將臨觀合起來看？

臨與觀互為綜卦，是一體兩面，
臨的錯卦為遯ㄉㄨㄣˋ，而觀的錯卦是大壯。

這四個卦，各有六爻的變化，
合起來，變出二十四個卦，為數不少。

各卦的中爻，和上下卦又構成互卦，
和本卦、綜卦、錯卦都有密切的關聯。

將臨卦和觀卦合起來看，
要看的，不止這兩卦，還有其它。

擴大到什麼地步？悉聽尊便，
並沒有非要如何才算合理的嚴格標準。

有時間可以多想一想、多看一看，
當時間緊迫時，就必須當機立斷、果敢決定。

一、先歡迎光臨再請多觀照

《易經》卦序，臨卦（䷒）第十九，觀卦（䷓）第二十。臨在觀前，一個人如果不能親臨現場，怎麼能夠親眼觀察當時的現象？臨前有蠱，而觀後為噬嗑。〈序卦傳〉說：「蠱者，事也；有事而後可大，故受之以臨。臨者，大也；物大然後可觀，故受之以觀。可觀而後有所合，故受之以噬嗑。」「蠱」的本義是惑亂，蠱卦的用意，在於匡正惑亂。能夠匡正惑亂，然後才能夠印證「臨事」、「臨民」的道理，所以接下來是臨卦。臨卦二陽四陰，主要的力量，來自於初九、九二這兩爻。《易經》以陽為大，所以說「臨者大也」，用意在增強君子的責任。君子完成「臨事」、「臨民」的大業，民眾才會心生敬畏、視為典範，並誠心加以觀仰。大眾觀仰，然後上下才能和合，因此隨之而來的即為噬嗑，意指誠意和合，而非苟且相合。

現代人來到某些場所，大多會聽到「歡迎光臨」的招呼聲。表示熱烈歡迎人們的光臨，這就是臨卦的現代化應用。使來臨的人能本著受歡迎的心情，多做一些君子的大事，來解決一些現實問題。使高呼「歡迎光臨」者，能獲得一些實質的惠助。倘若來者不把「歡迎光臨」的招呼聲當做一回事，甚至製造出一些難題、惹出某些麻煩，主事者便會前來懇求：「請多觀照」，這同樣也是觀卦的現代化藝術。正面的用意，是主人既然將來客奉為貴賓，自然已經竭盡所能，若有尚未滿意之處，敬請多多包涵；負面的用意，則是「子帥以正，孰敢不正」？大家把「來者是客」當成貴賓，為什麼不反觀自己成什麼樣子？再這樣下去，我們可要想辦法噬嗑一番了！

臨 19

歡迎光臨

受到歡迎的人，
要具有「臨」的氣度。
親臨現場要看清楚，
事先做好防範措施，
以免措手不及，
驚慌而逃。

↓

臨事而懼 → **樂觀其成**

觀 20

請多觀照

眾人觀瞻的對象，
要有觀己、觀人的德行。
看看別人，也想想自己，
洞察各種變化，
務求見微知著，
及時加以改善。

↓

樂觀其成

二、明辨臨觀從何演變而來

臨卦（䷒）的前一卦是蠱卦。有了腐敗的現象，必須加以整治。依據歷史的演變，大凡國泰民安、歌舞昇平的時代，由於物極必反，很容易導致腐敗的亂象。必須大力整頓，所以蠱道重在處事，正如序卦傳所言：「蠱者事也。」整頓腐敗之後，首重安撫人心，臨卦便是「臨民」的道理。居上位者最好能夠親臨民間，深入了解民間疾苦，有如君子深入小人的群體，親自探索亂源，適時設法制止。一方面發掘人才，一方面解決社會的問題。「臨」字臣旁，「臣」有屈伏之意，象徵屈伏著身體，以期更加貼近民意，瞭解事實真相。探究的時候，還要注意品類的分佈，不為少數族群所矇蔽。最好聽取各方面的意見，然後綜合判斷。《論語・為政篇》提示「臨之以莊，則敬」——嚴肅地「臨民」，才能獲得誠敬的回應。《論語・雍也篇》倡導「居敬而行簡以臨其民」——居上位者，守己敬肅而以簡略臨民。《論語・述而篇》主張「臨事而懼、好謀而成」——臨事戒慎、善用計謀，有決斷力，才是大家所敬仰的人物，能夠成其大業。親臨現場有所成就，獲得大眾的信任與敬仰，便能夠成為大眾觀察德行的楷模、典範。一方面居高位以接受觀瞻，一方面也登高眺望，更能擴大視野，觀察民情風俗。正己正人、治己安人，即是觀卦的大用。有事不怕事，因為有事時也能發揮「臨」的力量。無事不惹事，以身作則、為民表率，就可以產生如《論語・為政篇》「為政以德，譬如北辰；居其所而眾星共之。」以及《論語・顏淵篇》「政者正也。子帥以正，孰敢不正！」的效能。

蠱ㄍㄨˇ ䷑
18

→

臨 ䷒
19

→

觀 ䷓
20

蠱 18	臨 19	觀 20
不自覺， 也不能自律， 卻喜歡自主， 這樣的人， 遲早惹事生非， 而且不斷惡化， 造成腐敗。	大難臨頭， 才親臨解決。 傲慢無禮， 更增添苦難。 唯有自謙和誠意， 才能收斂狂妄， 將損害降到最低。	臨事而懼， 才能審慎樂觀。 從細微處觀察， 以瞭解其中奧妙。 清除內心的障礙， 務求愈觀愈明白， 也愈觀愈悅樂。

三、臨卦錯遯卦觀卦錯大壯

臨卦（䷒）的錯卦是遯卦（䷠），而觀卦（䷓）的錯卦則為大壯卦（䷡）。這四卦十分奧妙，合起來看，更能瞭解其中的關聯性。「臨」是臨近，「遯」卻是退避，一進一退，各有其要旨。「觀」為臨近之後的「退」，「大壯」則是退避之後的「進」。臨和觀，遯和大壯，都是「當進則進、當退則退」的最高智慧。臨卦和觀卦，都是二陽四陰，只因為上下位置不同，便有一進一退的差異；遯卦和大壯卦，都是四陽二陰，同樣由於上下位置不同，便產生不一樣的進退現象。我們做人做事，必須依時、位而做出合理的調整，從這裡可以獲得印證。太陽照耀大地，面臨萬物，炎熱的威力，象徵臨的進逼。我們為了生活，不得不硬著頭皮，與太陽相遇。好比長上蒞臨時，非歡迎不可。既然歡迎光臨，那麼被歡迎的大人，當然要手下留情，以免錯臨為遯，讓大家逃都來不及，那就雙方面都不好看了！「觀」字有兩目下視的象，日月當空，無隱不現。無論觀天之象，觀地之物，以及觀人之性，都是觀的大用。觀天，為了知日月之明。觀地，為了知山川之利。觀人呢？則是為了明白自己的責任。那我們的責任是什麼呢？請看觀卦的錯卦，也就是大壯卦。乾卦文言說：「夫大人者，與天地合其德，與日月合其明，與四時合其序，與鬼神合其吉凶。」任何人具有這樣的能力，當然能夠成就大壯的德行。「大」就是正，大壯的氣勢與事業，必須以正為出發點，俾能發揮福國利民的功效。大壯象徵人法天地之道，以《大學》所言「止於至善」為目標，隨時隨地尋找動態中的平衡點。

遯ㄉㄨㄣˋ ䷠ 33	錯 ↔	臨 ䷒ 19	綜 ↔	觀 ䷓ 20	錯 ↔	大壯 ䷡ 34
退避		臨近		臨中的觀 近而有退		遯ㄉㄨㄣˋ中的進 才有大壯
休息， 為了走更長的路。 先立於不敗之地， 再伺機出發， 以期大為壯盛。		休息夠了， 就要重新出發。 親臨現場， 表示參與的熱誠， 才能使人敬畏。		面臨各種事態， 必須冷靜、客觀， 保持樂觀的心情， 共同精誠互動， 才能金石為開。		唯有受大眾敬仰， 大壯才有價值。 正大光明， 克己復禮， 是大壯的善德。

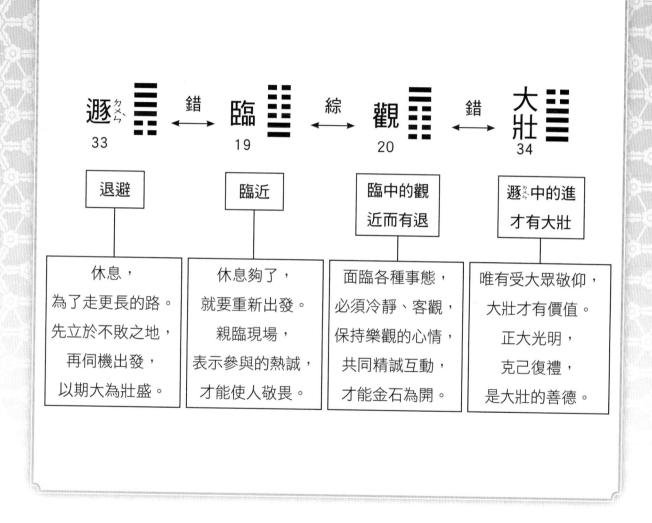

四、臨卦觀卦各有六爻變化

臨卦(䷒)的六爻變，由初到上：初爻變為師卦(䷆)、二爻變成復卦(䷗)、三爻變即泰卦(䷊)、四爻變是歸妹卦(䷵)、五爻變為節卦(䷻)、上爻變成損卦(䷨)；觀卦(䷓)的六爻變，由初到上：初爻變為益卦(䷩)、二爻變成渙卦(䷺)、三爻變即漸卦(䷴)、四爻變是否卦(䷋)、五爻變為剝卦(䷖)、上爻變成比卦(䷇)；遯卦(䷠)的六爻變，由初到上：初爻變為同人卦(䷌)、二爻變成姤卦(䷫)、三爻變即否卦(䷋)、四爻變是漸卦(䷴)、五爻變為旅卦(䷷)、上爻變成咸卦(䷞)；大壯卦(䷡)的六爻變，自初至上：初爻變為恆卦(䷟)、二爻變成豐卦(䷶)、三爻變即歸妹卦(䷵)、四爻變為泰卦(䷊)、五爻變成夬卦(䷪)、上爻變即大有卦(䷍)；臨卦(䷒)的錯卦為遯卦(䷠)，綜卦是觀卦(䷓)，中爻下上各為震(☳)、坤(☷)兩卦，互卦是復卦(䷗)、坤卦(䷁)、臨卦(䷒)和歸妹卦(䷵)。觀卦錯卦為大壯卦(䷡)，綜卦為臨卦(䷒)，中爻是坤(☷)、艮(☶)兩卦，互卦為觀卦(䷓)、漸卦(䷴)、剝卦(䷖)、坤卦(䷁)。遯卦錯卦為臨卦(䷒)，綜卦為大壯卦(䷡)，中爻為乾(☰)、巽(☴)兩卦，互卦是乾卦(䷀)、姤卦(䷫)、漸卦(䷴)。大壯卦錯卦為觀卦(䷓)，綜卦為遯卦(䷠)，中爻構成乾卦(☰)、兌卦(☱)，互卦則有歸妹卦(䷵)、大壯卦(䷡)、乾卦(䷀)、夬卦(䷪)。牽涉的範圍很廣，必須先熟悉各卦的象數理。然後整合相關資訊、全盤思慮、用心判斷，才能找出其中的奧妙。不但牽一髮動全身，而且環環相扣。必須熟能生巧，才能夠靈活運用。

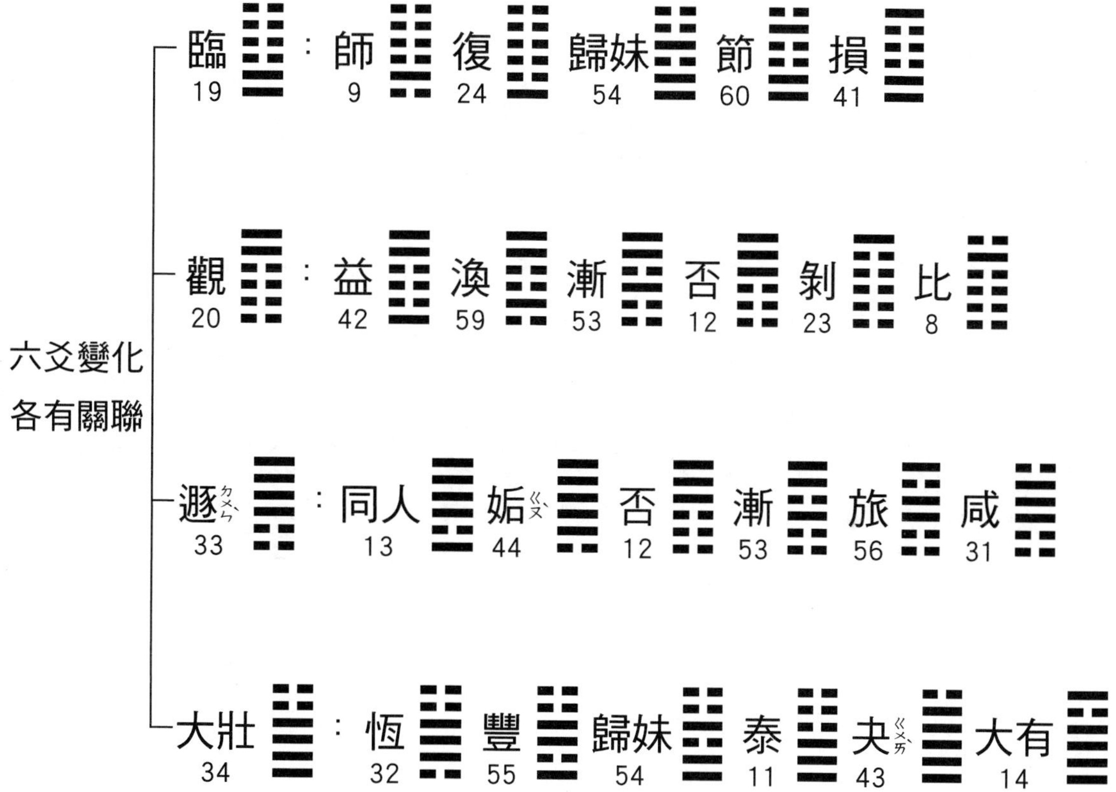
六爻變化
各有關聯
臨 19：師 9 復 24 歸妹 54 節 60 損 41
觀 20：益 42 渙 59 漸 53 否 12 剝 23 比 8
遯ㄉㄨㄣˋ 33：同人 13 姤ㄍㄡˋ 44 否 12 漸 53 旅 56 咸 31
大壯 34：恆 32 豐 55 歸妹 54 泰 11 夬ㄍㄨㄞˋ 43 大有 14

五．是否推各爻變悉聽尊便

說到牽一髮動全身，每一卦有六爻。並不單是一爻變，也可以兩爻變、三爻變、四爻變五爻變。而六爻全變，就等於錯卦。以觀卦（䷓）為例，我們已經知道一爻變，就有益（䷩）、渙（䷺）、漸（䷴）、否（䷋）、剝（䷖）、比（䷇）六卦。兩爻變即有中孚（䷼）、家人（䷤）、无妄（䷘）、頤（䷚）、屯（䷂）、巽（䷸）、訟（䷅）、蒙（䷃）、習坎（䷜）、遯（䷠）、艮（䷳）、蹇（䷦）、晉（䷢）、萃（䷬）、坤（䷁）等十五卦。三爻變有小畜（䷈）、履（䷉）、損（䷨）、節（䷻）、姤（䷫）、蠱（䷑）、井（䷯）、旅（䷷）、咸（䷞）等九卦。四爻變有乾（䷀）、大畜（䷙）、需（䷄）、鼎（䷱）、大過（䷛）等五卦。五爻變則有大有卦（䷍）、夬卦（䷪）、恆卦（䷟）。總共合起來，有三十八個卦。如果再擴大下去，把這些卦的錯卦、綜卦，通通加進來，最多可以生出四千零九十六種變化。孔子自稱「吾道一以貫之」，便是由一（太極）可以連貫四千零九十六種變化，獲得連貫的效果。但是《論語．公治長篇》記載「季文子三思而後行」，孔子卻認為「再，斯可矣！」孔子向來以「無可無不可」為基本原則，怎麼會反對「三」而認可「再」呢？當然，孔子並非反對「三思」，他只是提醒大家：不要執著於「三」，而非三不可，有時「再」就可以了，何必一定要「三」呢？凡事謀定而後動，但是要謀多久，應該看時間夠不夠？《易經》的思維，告訴我們：時間較充裕時，不妨多想一想，三思而後行；若是時間緊迫，非當機立斷不可，便不再多所思慮，以免誤了大事。換句話說：想到什麼地步，最好悉聽尊便。

觀 20

- 一爻變：益 42、渙 59、漸 53、否 12、剝 23、比 8
- 兩爻變：
  - 中孚 61、家人 37、无妄 25、頤 27、屯（ㄓㄨㄣ）3、巽（ㄒㄩㄣˋ）57、訟 6、蒙 4
  - 習坎 29、遯（ㄉㄨㄣˋ）33、艮（ㄍㄣˋ）52、蹇（ㄐㄧㄢˇ）39、晉 35、萃 45、坤 2
- 三爻變：
  - 小畜 9、履 10、損 41、節 60、姤（ㄍㄡˋ）44、蠱（ㄍㄨˇ）18、井 48、旅 56
  - 咸 31
- 四爻變：乾 1、大畜 26、需 5、鼎 50、大過 28
- 五爻變：大有 14、夬（ㄍㄨㄞˋ）43、恆 32
- 六爻變：大壯 34

六、不偏離一陰一陽之謂道

《易經》以乾代表陽，而以坤代表陰。乾坤為易之門，便是「一陰一陽之謂道」。陰中有陽，陽中有陰，兩者永遠分不開。所以乾坤互為錯卦，共同列為《易經》的第一卦，應該當之無愧。我們無論研究哪一個卦的象數理，實際上都離不開乾坤兩卦的基本運作。譬如臨卦（䷓）初六爻辭：「童觀，小人无咎，君子吝。」我們先把它和坤卦初六爻辭：「履霜堅冰至」，做一些聯想，不難體會初六最需要的便是提高自己的警覺性。因為大人不記小人過，童言無忌，畢竟暫時可以无咎。但若每次如此，還是有可能遭受禍害。倘若自己寧願捨棄小人而成為君子，那就要和乾卦初九爻辭：「潛龍勿用」合起來想。這樣的潛龍，真的不知道要潛多久才能有用？當然令人感覺遺憾。臨卦六二：「闚（ㄎㄨㄟ）規，利女貞。」仍然適合於坤道，和乾卦九二比較起來，仍然不足以「利見大人」。臨卦六三和九五，同樣是「觀我生」。但是六三近於坤道，而九五更接近乾道。臨卦六四「觀國之光，利用賓于王。」同樣要注意坤卦六四的「括囊」，謹慎而穩重，才能受到九五的尊重。至於臨卦上九「觀其生」，便是緊記乾卦上九：「亢龍有悔」的教訓，在臨卦中保持「志未平」的修養，才能獲得无咎。《易經》所說的道理，大致上是相對的。我們說乾動坤靜，並不是固定的、絕對的。動中有靜，而靜中也有動。六十四卦的每一爻，凡陽的都可能變成陰，而所有陰爻，也有可能變成陽。我們從爻變所成的卦，研究其象數理，都有助於對本卦的瞭解。然而所有的卦爻，都離不開乾坤這兩個基本卦的作用。

一陰一陽之謂道

（太極為原點）

陽

乾卦

陰

坤卦

解讀任何一卦的象數理，
都應該以乾卦和坤卦為基礎。
陽爻部分，參照乾卦六爻的爻辭；
陰爻部分，照坤卦六爻的爻辭。
再依據本卦各爻之間的承乘應比，
配合當位與否以及六爻特性，
做出合推測和研判。

我們的建議

1 〈序卦傳〉說明六十四卦貫串一體的次序，依據大自然萬物的誕生與發展，揭示事物相因和相反的規律，對於深研各爻的內在哲理，具有提綱挈領的作用。上經說明天地生萬物，全以氣而流形，藉天道以示人道；下經說明萬物相生，以形而傳氣，以人而代用。

2 《易經》不講宇宙，只講天地。原因是天地為實，人所易見；宇宙為虛，十分抽象。以天、人、地三才，象徵宇宙本體，也很實在，大家易知而共見，氣質形象都有了。

3 六十四卦，不外乎一奇一偶，也就是一陽一陰。但由於所遇的「時」、所居的「位」有所不同，而產生無窮的變化。所以君子「安而不忘危、存而不忘亡、治而不忘亂。」傳承至今，成為十分珍貴的憂患意識，使我們能夠謹言慎行。

4 《易經》流傳已久，難免有一些傳抄錯誤，或者異文相雜之處。我們不妨以合理為標準，從寬加以認定。對大多數人來說，能將易理應用在日常生活當中，最為重要。

5 到現在為止，還有一些尚未提及，或者說不清楚的地方，在往後的說明中，自當適時提出，並在適當時機，說得更為簡單明瞭。同時也歡迎各位先進，隨時賜教。

6 臨、觀兩卦，既然與遯（ㄉㄨㄣˋ）卦、大壯卦的關係如此密切。接下來我們要對這兩卦的要義做出說明，以方便貫串臨、觀、遯（ㄉㄨㄣˋ）、大壯等卦，做出更深入的探討。

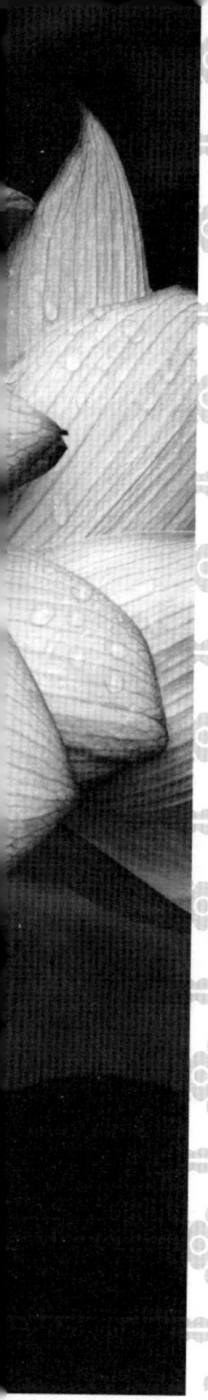

《第八章》

遯卦六爻

有哪些啟示？

遯的意思是退避、退隱、逃避，
是一種順其自然的退止，這也就是遯的大用。

並非所有退避都是不好的，
退一步海闊天空，有時更讓人怡然自得。

有聚便有散，有開幕就有閉幕，
白天忙碌了一整天，夜晚就應該好好休息。

現代人一味求快、快還要求更快，
實在不合乎自然規律，可說是有害而無利。

向人類的極限挑戰，是一種非常舉動，
因為過於殘忍，並不能時時刻刻都如此。

遯的時義大矣哉，要好好省思，
隨時做出合理抉擇，方為知遯之道。

一、該退便退不要錯過時機

遯卦（䷠）是《易經》的第三十三卦，錯卦是臨（䷒），綜卦則是大壯（䷡）。卦辭說：「遯，亨，小利貞。」在十二消息卦中，遯是農曆六月，正當天氣十分炎熱的時候。實際上從五月姤（䷫）開始，陰氣已經向上增長，陽氣逐漸消退。陰長陽消的遯卦，為什麼「亨」呢？因為寒暑更替，原本是自然現象。對萬物的生長有利，當然亨通。「小」指陰爻。陰氣向上增長，有利於陰爻。這時候想起用六「利永貞」，也適用於陰氣日增的遯卦。由於不願意迎合世俗而樂於退隱山林，合乎乾卦文言所言「遯世无悶」，也可以說是好事一樁。

初六爻辭：「遯尾，厲，勿用有攸往。」小象說：「遯尾之厲，不往何災也？」說卦傳以艮為狗，而遯卦下艮上乾，初六居下艮初位，象徵狗尾巴，而且是以陰爻居於陽位。和六二相比，顯然陰氣已經長到六二。初六落在後頭，象徵退避不及，或退隱的行動落後。大凡退的時候，以前為安，而落後則有危險。俗語說「尾大不掉」，意思是尾巴太大，便不容易控制。初六不當位，但是與九四相應，由於下艮是山，有止的象。又落在六二的後面，顯然有危險。「勿用」是暫時不要有所表現，以退隱為宜。等待時機適當，再求「有攸往」，也就是有所往。但是要往向哪裡呢？當然是向九四呀！如果不暫時退隱，那就是不識相了。這時候還要有所表現，等於是自投羅網。不如趕快逃避，可免於災厄。「不往何災？」只要不在不適當的時機做出有所往的表現，那又有什麼災厄呢？可見當退就要退，不必硬著頭皮、非進不可。該逃的時候，先一步走，就會更安全、更有保障。

（初六爻變成同人卦䷌）

遯ㄉㄨㄣˋ 33 ䷠

初六，遯ㄉㄨㄣˋ尾，厲，勿用有攸往。

初六居全卦的尾端，逃避的時候，有尾大不掉的感覺，稱之為「遯ㄉㄨㄣˋ尾」，又以陰居陽位，象徵逃避落後，當然有危險。初六與九四相應，原本可以逃往上方，但是由於不當位，又居於下艮ㄍㄣˋ的始位。當陰氣來到六二時，初六最好暫時不要有所表現，以退隱為宜。等待時機適當，再求有所往。

小人得勢，君子該退即退，不可妄動

二、時機不利最好退避固守

遯卦（䷠）象辭：「遯，亨，遯而亨也。剛當位而應，與時行也。小利貞，浸而長也。遯之時義大矣哉！」「遯」的意思，是退避、逃避、退隱、退休。明明是兩陰向上遞進，為什麼說「退避」呢？因為站在四陽的立場，分明是退避。本卦是「退而自保、等待時機適宜再行動」的避害要領，所以遯而亨通。剛指九五，居中得正，又與六二相應。象徵邪正尚未顯著，君子最好見微知著，可進即進、當退便退，隨時做出合理的反應。「浸」是逐漸，「小利貞」指陰氣增，但不見得全然不利。因為陰氣是逐漸增長的，這時候有應該做的事，不能只顧逃避而完全放棄；然而到了該跑的時候，也必須及時退隱，不能猶豫不定。若是將遯的作用與四時運行相互配合，就能發現其重大意義所在。

六二爻辭：「執之用黃牛之革，莫之勝說。」小象說：「執用黃牛，固志也。」六二居下艮中位，得正而與九五相應，象徵有心跟隨九五退避。「黃」為中央正色，「牛」是性情柔順的動物。「黃牛之革」便是黃牛皮，既結實又柔順。六二和九五，就像用黃牛皮緊密地縛在一起。「說」同脫。「莫之勝脫」，即為沒有辦法解脫。表示兩者志向堅固，誰都不會捨棄對方。春去秋來，寒暑交替，並沒有消滅對方的打算。陰長陽消，一段期間之後，仍然陰消陽長。小人得志，實際上君子應該負很大的責任。當小人在內（艮）時，君子在外（乾），很少能夠自保。這時在外的君子，要不是趨附小人，便只好遠離小人。採取退避三舍的策略，暫時保留實力，伺機東山再起，更加符合自然的循環往復之道。

（六二爻變成姤卦䷫）

遯ㄉㄨㄣˋ 33 ䷠

六二，執之用黃牛之革，莫之勝說。

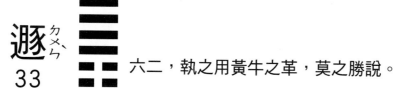

六二以陰居陰位，既當位又是下艮ㄍㄣˋ的中爻，既中且正，與九五陰陽相應，剛柔相配。有如用黃牛皮緊緊縛在一起，不至於脫離。象徵六二潔身自愛，柔順地追隨九五。這種堅定的意志，表示沒有消滅對方的打算。

時機不利，以退避固守為宜，不應有絲毫動搖

三、不繫念名利求居家為安

遯卦（䷠）大象說：「天下有山，遯；君子以遠小人，不惡而嚴。」遯卦下艮上乾，艮為山而乾為天，所以說「天下有山」。但是為什麼不說「山上有天」呢？這就是本末輕重的不同。遯卦以天為本，山愈高，天愈遠。我們好不容易登上高山，才發現天依然高高在上。小人得勢時，君子如果和小人同流合污，豈不是君子也成了小人？所以要向天學習，山高天更高。採取「遠小人」的態度，不露出憎惡的模樣，而是表現出莊嚴自重的君子風度。如果搞不過小人，還要厭惡、憎恨小人，那算什麼君子呢？內心不苟同，外表要莊重。仿傚天不與山相接，卻不厭惡山的增高，即為「遠小人」。君子反躬自省，以期再接再厲，暫時保存實力，等待時機重振雄風。

九三爻辭：「係遯，有疾厲，畜臣妾吉。」小象說：「係遯之厲，有疾憊也；畜臣妾吉，不可大事也。」九三當位，卻由於位居下艮的極位，與上九不相應，象徵應該退避。但是與六二相比，似乎有乘凌六二的機會，使九三繫戀而不及時退避。殊不知六二與九五，早已用黃牛皮緊緊縛住，不可能對九三有意。使得九三精神極度疲憊，如同生病了那樣，所以說「有疾厲」。倘若把六二的身份，由小人改為女子，象徵君子在逃避時，所戀的不是小人，而是妻小，那就沒有什麼危害，反而為吉。「畜臣妾吉」，說明古代貴族有臣僕與侍妾，當遯之際，不繫念名位利祿，只圖居家求安，當然吉祥。既然居家求安，就不會做什麼大事，不引人注目，也不遭人嫉妒，頂多被人看成沒有志氣。

（九三爻變成否卦䷋）

遯ㄉㄨㄣˋ 33 ䷠

九三，係遯ㄉㄨㄣˋ，有疾厲，畜臣妾吉。

「係遯ㄉㄨㄣˋ」是受到牽制、心有所繫的逃避。九三以陽居陽位，又是下艮ㄍㄣˋ的極位，剛健得正，卻被初六、六二兩陰爻所拖累，在應當退避時遲疑不決、猶豫不定。好比得了嚴重的疾病般，疲憊不堪。倘若將兩個陰爻看做妻小，在退隱、逃避時，所依戀的不是小人，也不是名位，而是自己的妻小，那就沒有什麼危害，反而吉祥了。

退避時不可貪戀名位利祿，顧全妻小即可

四・捨下名位而能決然隱退

退的目的在於求進，稱為「以退為進」，才合乎「一陰一陽之謂道」。遯卦（䷠）陰進陽退，象徵陽還會再起。對陽而言，不過是暫時退避，日後再求發展。好比天底下有許多山脈，只能靜止退處上天之下。提醒君子即使功業再偉大，當小人得勢之際，最好能夠遠離小人，保持莊嚴的態度，反躬自省，以守時待命。不要以惡聲厲色對待小人，以免招致怨恨，反受其害。

全卦爻辭，除初六「遯尾，厲」、九三「係遯，有疾厲」，提出不利的警語之外，其餘四爻皆為吉祥。可見遯的用意，是積極地迂迴進取，並非消極地明哲保身。然而，若是不能明哲保身，又怎能迂迴進取、達到以退為進的目的呢？

九四爻辭：「好遯，君子吉，小人否。」小象說：「君子好遯，小人否也。」「好遯」的意思，是捨得放棄原本愛好的名位利祿，決然隱退，和九三的「係遯」剛好相反。九四不當位，象徵該退。與初六相應，表示仍有所好。四是陰位，九四以陽剛居之，所以有如此堅定的決斷力。對君子而言，這樣的「好遯」是吉祥的。但是對小人而言，因為心有所好、難以斷然割捨，反而由於自己的所好，而不惜違反遯道，所以「否」。小象中所說的「小人否」，實際上有不一樣的意義。「否」在此處有否定的用意，小人否定「好遯」的價值，因此不吉而否。遯卦正當陰氣增長之際，陽氣適時消退，是順應自然的「好遯」。陰氣應該增長，當然也不能隨便退避，以免造成氣候異常，對萬物的生長反而不利。「君子吉」、「小人否」，象徵各有不同的心境。而我們是站在君子的立場，來看待遯道。

（九四爻變為漸卦䷴）

遯ㄉㄨㄣˋ 33 ䷠

九四，好ㄏㄠˋ遯ㄉㄨㄣˋ，君子吉，小人否ㄆㄧˇ。

九四以陽居陰位，象徵有堅定的決斷力。雖然與初六相應，但在遯ㄉㄨㄣˋ的環境下，能夠斷然離去，得以「好ㄏㄠˋ遯ㄉㄨㄣˋ」，就是「遯ㄉㄨㄣˋ得好」的意思。對君子來說，當然吉祥。然而，小人是做不到的。「否」的用意，一是否定斷然逃避，一是因而不吉而否。

該避時不可眷戀，必須斷然處置以免誤事

五、剛柔相應嘉遯在於貞固

當我們從平地看山時，覺得十分高聳雄偉，似乎逼天已極；然而一旦到了山頂，才知道天極高極遠，與山保持著遠遠的距離。遯卦（䷠）四陽在上、二陰居下。以四位君子對付兩個小人，理當遊刃有餘，為何還要退避呢？這是因為所佔的地盤不同所致。下艮為內卦，上乾是外卦，小人在朝，君子反而在野。小人掌握實權，又喜歡為所欲為。君子有心無力，又必須為所應為。在這種情況下，先行退隱以遠禍方為良策。何況退隱只是暫時，並非永久。忍得一時忿，終身無惱悶。忍辱負重，才是君子所當為。忍的功夫，在遯的情況下，還要加上不露聲色，才算得上高明。

九五爻辭：「嘉遯，貞吉。」小象說：「嘉遯，貞吉，以正志也。」九五居中得正，又與六二相應。上下剛柔配合恰當，九五又是君位，哪裡有退避的必要？可見九五當避即避，並不因居中當位而不避，堪為安份守己的楷模。「嘉」比「好」更美、更善，所以稱為「嘉遯」。「志」即心志，由於九五端正心志，所以六二才會「固志」。一正一固相應，因而貞吉。以現代的觀點來看，九五遵循「遯之時義大矣哉」的啟示，秉持剛中的品德修養，堅定地屆齡退休。由於功成名就，萬民敬仰，所以可喜可賀。顯示九五有志於正道，而六二也柔順中正，不致成為九五的累贅，得以了無牽掛地退休，完成「嘉遯」的任務。但是，和上九比較，仍然不能完全擺脫世俗的迎新送舊，所以必須保持貞正，才能吉祥。也就是說，既然要安份守己、做為大眾的表率，那麼便應該堅持守正。以免退休後繼續有所作為，違反「適時、適事、適度」的原則，那就難免不吉了。

（九五爻變成旅卦䷷）

遯ㄉㄨㄣˋ 33 ䷠

九五，嘉遯ㄉㄨㄣˋ，貞吉。

九五當位，又居上乾中爻，即中又正，而且與六二相應。九五原本是君位，樣樣都好，何必要逃避呢？然而，若處於遯ㄉㄨㄣˋ的時機，九五便應該安份守己，堅持當退即退的正道，才能遯ㄉㄨㄣˋ得其時。獲得嘉美，因純正而吉祥。功成名就，該退休時就應該退休，保持貞正、堅持守正，即為「嘉遯ㄉㄨㄣˋ」的要旨。

適時、適事、適度的退避，是不可改變的原則

六。內無掛念最為輕鬆自得

人生有進有退，但退要退得肥美，實在不容易。退得肥美還要无不利，才是上上之策。倘若退得肥美，卻被人抓住把柄，落得災禍不斷，那就是肥而不美，大大的不利！

上九爻辭：「肥遯，无不利。」小象說：「肥遯，无不利，无所疑也。」上九原本「亢龍有悔」，在遯卦（䷠）則剛好相反。九五屆時退休，上九退休多時，仍然饒有餘裕，並無令人起疑之處，所以稱為「肥遯，无不利」。上九以陽剛居陰位，在乾卦的上位，剛好在二陰三陽的外沿，下與九三無應，象徵內無掛念，可以輕鬆自得地遠避小人，不致為小人所害。以剛居柔位，象徵剛而能柔，能隨遇而安。自己也無所遲疑顧慮，所以无不利。這種悠然自得的「肥遯」，比「嘉遯」更為愉悅，因為已經擺脫世俗的羈絆，用不著操心了。

「肥」的意思，是肥得讓人家抓不到把柄，而不是肥得使自己擔心害怕。物質上的「肥」，僅止於小康即可；精神上的「肥」，才值得大家欣賞，進而產生敬仰的心情。

遯卦（䷠）六爻，初六、九四、上九不當位。初六象徵最後退避的人，雖然嚴厲有危險，只要不繼續向前便無大礙。九四對君子而言，由於善避鋒芒，故能捨棄所好而毅然退避。上九更是肥遯得无不利，獲得置身世外的樂趣。六二、九三、九五當位，六二與九五陰陽相應，密切配合。九三卻心有牽繫而不退避，所以有危難。初六、初二象徵陰邪小人，但六二居中得正，與初六不同。全卦退避的原則不變，但如何以退為進，則視各爻時空不同而各有對策。

（上九爻變成咸卦䷞）

遯ㄉㄨㄣˋ 33 ䷠

上九，肥遯ㄉㄨㄣˋ，无不利。

「肥遯ㄉㄨㄣˋ」是遯ㄉㄨㄣˋ的最佳境界，走得了無牽掛，而且沒有任何把柄落在小人手上。上九原本「亢龍有悔」，在遯ㄉㄨㄣˋ道中能夠无不利，當然是「肥遯ㄉㄨㄣˋ」。物質方面，以小康為宜。精神方面，則不怕太肥，因為獲得大家的敬仰，更是「肥遯ㄉㄨㄣˋ」的安全保障。上九不當位，由於無所疑懼，也不引人懷疑，所以无不利。

悠然自得，安度退隱生活，是人生一樂！

我們的建議

1 在恆卦（䷟）之後，緊接著是遯卦（䷠）。〈序卦傳〉說：「物不可以久居其所，故受之以遯。」天地可以長久，而萬事萬物則不可能長久。就好比人生可以長壽，卻不能不死亡。工作是一種責任、一種奉獻，該退就要退，不必戀棧，徒增煩惱。

2 天下有山，天高山低。天能夠容納高大的山，山卻不能近於天。由此推知，山只有順其自然地退止，以達成其遯道的大用。我們看到這樣的自然景象，心中有數，深知當進則進，但也要懂得以退為進的道理，不能一味求急進。

3 二、三、四爻為巽（☴），有「繫」的象。六二為九三所繫，以致不忍退避，更凸顯了上九不與小人交往，身心泰然、心廣體胖，博得「肥遯」美名的高明。「遠小人」的功效，也在此獲得印證。

4 小人當權，君子最好暫時退隱避禍，但只做到這種地步，不過是明哲保身而已。必須保存實力、伺機再起，才符合「遯之時義大矣哉」的道理，為遯道的真義。

5 「浸而長也」，表示遯卦二陰漸長、四陽漸消，這樣發展下去，便是陰漸長而盛，即將盛極而衰。對遯道來說，時運已快要來臨。退避自修，仍須不失其正，必有善果。

6 我們不能為了逃避現實而退隱，卻可以忙裡偷閒，在忙碌中的生活中，及時實施遯道。寧願得罪君子、不要得罪小人，其實也是遯道的應用，值得用心玩味！

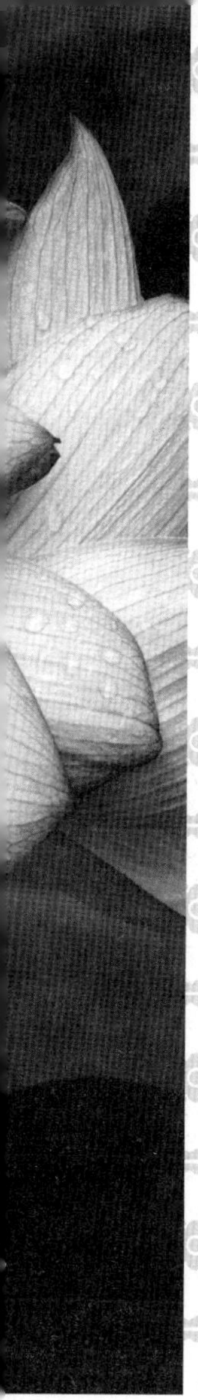

《第九章》

大壯卦六爻

說些什麼？

大壯就是壯大、壯盛、雄壯、強盛，
雷天大壯，雷聲在天上大作，當然大壯。

小人用壯，君子並不用壯，
要當小人或君子，由自己抉擇。

依自然規律，盛極必然衰落，
君子預為準備，才是法天地之道。

倘若自認為壯大，可以所欲為，
對君子來說，不但無益，而且有大害。

大是陽，壯即強盛，大壯四陽強盛，
上面兩陰，根本抵擋不住四陽的上進。

眼看著即將全陽，趨向陽極而陰，
有先見之明的君子，怎麼能夠任意妄為呢？

恃強橫行必然招致窮困

遯卦（䷠）之後是大壯（䷡），彼此互為綜卦。〈序卦傳〉說：「遯者，退也；物不可以終遯，故受之以大壯。」退避是需要的，該逃就要逃，但是事物不可能永遠退避，所以接下來便是大壯卦。卦辭說：「大壯，利貞。」「大壯」是卦名，意思為強壯、雄健、大大地強盛。下乾上震，初至四爻俱陽，正在向上增長，有強盛的氣勢。陽為大，故取名為「大壯」。陽代表君子，又象徵正道。君子得勢時，務必伸張正義。因為強盛固然好，堅持正當而不為邪惡，才更有利。

初九爻辭：「壯于趾，征凶，有孚。」小象說：「壯于趾，其孚窮也。」如果以人的身體來取象，初九的位置，通常為腳的部位。「趾」指腳趾，象徵行動的開始。初九以陽居陽位，當位而剛健。有如腳趾壯盛而躁動，即為「壯于趾」。為什麼「征凶」呢？「征」是前往的意思，下乾（☰）初爻變為巽（☴）錯為震（☳），為足，有征的象徵，表示即將採取剛猛的行動。由於乾卦初九警示「潛龍勿用」，原本不應該妄動，何況初九與九四並不相應，居下而上無應，象徵急躁而魯莽，所以凶險。有內在的意志，卻缺乏外在的條件，「征凶」是必然的結果。初九上應九四，是一種誠信的承諾，然而以剛應剛，兩剛相遇，很可能兩敗俱傷。這種不顧一切地履行承諾，缺乏持經達變的修養，不能做到唯變所適，所以「其孚窮也」，並不是君子所當為。為什麼「窮」？因為有名無實，名實不能相符，空有誠信的美名，卻難以真實上下呼應。爻辭與小象中，用「窮」來說明為什麼「征凶」，值得大家用心體會。因為誠信固然要緊，但如何使其不窮，也十分重要。

（初九爻變成恆卦䷟）

大壯 34 ䷡

初九，壯于趾，征凶，有孚。

初九陽居陽位，又是大壯卦的最下一爻，居然忘記乾卦初九「潛龍勿用」的警語，腳趾頭充滿壯盛的氣勢，打算開跑了！「征」即往。要往哪裡去呢？當然是往上走。初九與九四不相應，這樣魯莽的行動，當然會招致凶禍。初九上應九四，原本是一種誠信的承諾，「有孚」意即必然要這樣做。雖然固守誠信，卻不知持經達變，做出此時此地合理的因應，所以結果還是「征凶」。

自認為大壯而恃強橫行，到哪裡都會覺得窮困

二。適度壯健而非過度剛強

大壯卦（䷡）彖辭說：「大壯，大者壯也。剛以動，故壯。大壯，利貞，大者正也。正大而天地之情可見矣。」「大壯」是卦名，「大」指四陽爻陽剛之氣，正在向上增長、發展，有壯盛的勢，所以說「大者壯也」。下乾上震，下乾為剛健、上震為動，因而「剛以動」，象徵剛健而動得強盛，稱為壯。卦辭指出「大壯利貞」，是因為剛健必須堅守正道。「正大」是天地間萬事萬物、一切事理的共同準則，能秉持「正大」，也就能夠明白天地的性情了。倘若有失正道，必然日趨邪惡，那就「不利貞」了。因為正當、正常的發展，才是趨於壯盛的合理途徑。

九二爻辭：「貞吉。」小象說：「九二貞吉，以中也。」九二以陽居陰位，象徵剛而能柔。既位居下乾中爻，又與六五相應，具備剛健的德行，居中得正，所以爻辭只說「貞吉」，並無其他條件。但是九二失位，又怎麼會「貞吉」呢？這是因為九二居下乾中爻，中即是正。處於大壯的情境中，過剛就會害上，過柔則不足以成大事。九二以剛居柔，反而合乎中道的要求，所以說「以中也」。九二以正成大，以陽成壯，當然是大壯的基礎。除了貞吉，還需要說些什麼呢？大壯卦（䷡）九二變爻為豐卦（䷶），象徵九二履行中道，不過剛也不過柔，因而眾望所歸，成為六五賞識，以及初九、九三學習的對象。大壯並不完全是力量的表現，更需要以正剋邪，能夠真正發揮撥亂反正的力量，為天下除害，才稱得上豐功偉業。又打雷又閃電，聲光俱佳，使萬事萬物無所藏匿，逐一現形。九二和六五剛柔相濟，穩健而行，實在是九四的最佳助力。

（九二爻變為豐卦䷶）

大壯 34 ䷡

九二，貞吉。

九二居中得正，雖然失位，卻獲得剛而能柔的優勢。能夠居中履謙，上與六五相應，象徵行為合乎貞正，六五才敢全力支援，所以「貞吉」。為什麼說「貞吉」呢？這是因為九二居中得正。大壯時最怕過剛害上或過柔誤事，九二既中又正，不必再有其他條件，就可以貞吉。

保持適度壯健，採取合理方式，自然吉祥

三、既為君子不能倚勢橫行

大壯卦（䷡）大象說：「雷在天上，大壯；君子以非禮弗履。」下乾上震，下乾為天，上震為雷，所以說雷在天上。震雷響於天上，聲威壯大，因而取卦名為大壯。民間傳說中，雷是主持正義的。所謂「天怒人怨」，天怎麼怒？以震雷發出巨大聲響，使大家都害怕。君子看到這種自然景象時，務必緊記在心，不做不合理的事情，要「非禮弗履」才好。

九三爻辭：「小人用壯，君子用罔，貞厲。羝羊觸藩，羸其角。」小象說：「小人用壯，君子罔也。」「罔」是網，也就是羅網。九三位於下乾的上爻，陽居陽位，又與上九相應，難免有恃無恐，把乾卦九三爻辭：「君子終日乾乾，夕惕若厲，无咎。」置之腦後，只知用壯逞強，殊不知九三爻變，下乾成為下兌，象徵陽卦變成陰卦，也就是從君子變成了小人，就好比打敗了強盜，自己卻又變成強盜般的可怕。君子有了這樣的警覺，知道九三以剛居剛，但並非居於中位，也就是剛而不中，倘若好勇急進，必然會像小人那樣，只知道逞凶橫暴，卻不能適時自制。因而自我戒懼，不宜得意忘形，以免誤觸羅網。抱持這種禽獸畏懼羅網的心情，自然不至違法亂紀。「罔」這個字，也可以解釋為「亡」，假借為「無」的意思。「羝羊」即公羊。下乾變成下兌，依〈說卦傳〉「兌為羊」的說法，有羊的象。「藩」指藩籬，公羊被藩籬掛住，難以擺脫，既不能進，也難以退脫。像這樣逞強任性，可說是小人的行徑，君子是不為的。倘若君子為之，那就相當於利用壯大，遲早會觸法而有厲。

（九三爻變成歸妹卦䷵）

大壯 34 ䷡

九三，小人用壯，君子用罔，貞厲。羝ㄉㄧ羊觸藩，羸ㄌㄟˊ其角。

九三當位，又是下乾的上爻，很容易倚勢橫行。有如「小人用壯」，忘記了乾卦九三：「君子終日乾乾，夕惕若厲，无咎」的警語。以致未經禮讓，便認為當仁不讓而招惹危險。而君子則是知道上面的九四，好像一道藩離般。如果像公羊那樣亂闖，勢必會被九四牢牢絆住，如羊角觸入藩籬、陷入進退兩難的困境。因而採取「君子用罔」的態度，不會像小人般倚勢用壯。

小人有恃無恐、毫無忌憚。君子不能倚勢橫行，才能自保

四．安內攘外成為群陽首腦

大壯卦（䷡）下乾上震，通常一陽在二陰之下，受到二陰強力的壓迫，已在其內形成一股巨大能量，足以發生巨大響聲和震動。大壯四陽處二陰之下，所產生的響聲和震動，當然十分強盛。九四首當其衝，成為大壯的卦主。

九四爻辭：「貞吉，悔亡，藩決不羸，壯于大輿之輹。」小象說：「藩決不羸，尚往也。」九四以陽剛居柔位，雖不當位，卻有剛而能謙的美德。大壯用陽不用陰，九四下連乾剛，構成大壯的氣勢，外與二陰相妥協，內得四陽的助力，又與初九相應，由於剛而能謙，所以得正。而「正」便是貞，也就能夠獲得吉祥，因此「貞吉」。原本失位，應有悔，現在有了「貞吉」，悔也就沒有了，所以說「悔亡」。九四是上震的始位，為藩籬的所在。九三向上觸及九四，因而「羸其角」，難以掙脫。九四為四陰的首腦，帶頭上進，群陽跟進。相當於九四自己衝開了藩籬，六五以柔居中，並不加以阻擋。羝羊不必觸，自然不羸其角。初九、九二、九三緊跟著九四，好比一輛大車，也就是「大輿」，長驅直入。「輹」是大車下面、車軸中央的橫木，把車和輪連結起來，才能暢行無礙。「尚」的意思是可，「尚往」也就是可以向上行。因為六五陰柔，原本有賴九四當做藩籬，來抵擋下乾的上行。既然九四自己決開了藩籬，帶領下乾向上行，當然有能力安內攘外，大行君子之道。九四失位，卻能夠成卦主，完全是堅持正道的良好效果。角不被掛住、車輛不脫落，都是有條件的，因為唯有「貞吉」，才能「悔亡」。倘若不能貞吉，那就會有悔而難以消除了。

（九四爻變成泰卦䷊）

大壯 34 ䷡

九四，貞吉，悔亡，藩決不羸ㄌㄟˊ，壯于大輿ㄩˊ之輹ㄈㄨˋ。

九四陽居陰位，因而剛而能柔。雖不當位，反而與初九取得剛柔相應的好處。知道六五以柔居中，對四陽的上進，並不採取強勢阻擋的態度。自然帶領著四陽，把自己這一道藩籬也衝開了。完全解除了原本失位與初九不相應的弊害，所以「悔亡」。九四扮演四陽這一輛大車的中央橫木，將車和輪連結起來。自然能夠暢行無阻，因而貞吉。

安內攘外，剛而能謙，自然無往而不利

五．外柔內剛喪失壯盛氣勢

依十二消息卦的排序，大壯正當農曆二月。三月是夬卦（䷪），到了四月便是純陽的乾卦（䷀）。而陽增長到極盛時，接下來又將陰長陽消，成為五月的姤卦。君子看到這種自然循環的景象，知道大壯的「大」指的是陽，也是天。陽大陰小，而天地之間，最大的莫過於天。天道運行，什麼力量都抵擋不住，因此在大壯的時候，必須心中有所準備：再過兩個月，當陽增長到極盛時，陽氣又將受到陰氣的逼迫而日趨消滅了。因此覺悟大壯時反而不能用壯，最好是克己復禮，善用中庸之道，才可以感化更多的人。

六五爻辭：「喪羊于易，无悔。」小象說：「喪羊于易，位不當也。」大壯卦（䷡）每兩爻相併，就呈現互卦（☱）的象，〈說卦傳〉以兌為羊。六五以陰居陽位，也是外柔內剛的象徵。「易」通場，也就是田畔。大壯的羊，當然是公羊。但是六五以柔居中，好比在田邊丟失了的公羊，已經喪失強盛的氣勢，無法強盛地積極向前，那又為什麼能「无悔」呢？因為柔順執中，所以雖然失位，也可以无悔。「位不當也」指的就是失位。實際上「羊」與陽同音，「喪羊」可以譬喻為六五以陰居九五的陽位，喪失了原來應有的陽氣。但是六五倘若變成九五，大壯就不是大壯，而成了夬卦（䷪）。六五自知失位，卻能夠把壯交給九三，使失位的九二，能夠居下乾中位而履謙。相當於九五將自己的壯交給六二，使六二變壯而自己變柔，經過這樣的交易後，五、二兩爻都有所得，而補救了失位的弱點，所以「无悔」。六五受四陽逼迫，仍能无悔，便是得力於如此巧妙的安排。

（六五爻變成夬卦䷪）

大壯 34 ䷡

六五，喪羊于易，无悔。

大壯卦每兩爻併在一起，有大兌ㄉㄨㄟˋ之象。兌ㄉㄨㄟˋ為羊，「喪羊」可以說是喪失陽的特性。六五君位，原本應是九五的位置，六五以柔居陽位，象徵失去陽的氣勢，反而能夠將壯大的力量交給九二。柔中與剛中相應，六五和九二都有所得，而補救了失位的弱點，所以无悔。六五平時捨得照顧九二，雙方做出合理的交易，因此「喪羊（陽）」時，能得到九二及時的應援，因而无悔。

外柔內剛，可以減少恃剛的過壯，反而无悔

六、忍得艱辛自然逢凶化吉

大壯時，最容易自認為壯大，因而自大、自負，以致流於橫暴。這時候堅守正道，隨時提醒自己：大一定要正，大必須守中。最好能做到外柔內剛，自我節制，凡事力求圓通。並且量力而為，才能夠持久壯大。倘若衰落的跡象已經出現，最好不要再有積極的行動。及時覺悟，明哲保身，以待時機改變，再行奮發圖強。易學的道理，是順乎自然，卻不能聽其自然。所以孔子主張「盡人事以聽天命」，便是告訴我們凡事務須盡力。但結果如何？還是聽天命吧！

上六爻辭：「羝羊觸藩，不能退，不能遂，无攸利，艱則吉。」小象說：「不能退，不能遂，不詳也；艱則吉，咎不長也。」「詳」即祥，「不詳」便是不吉祥。「遂」是達到上進的目的，「不能遂」意即不能如願地前進。既不能退，又不能如願達到上進的目的，當然不吉祥。「艱」是知所艱難而能夠自守，如此才能伺機而動？才有吉祥的可能，所以說「艱則吉」。上六以柔居陰位，原無不當。但是來到大壯的極位，象徵盛極轉衰，倘若不能量力而為，勢必陷入進退兩難的困境。上六與九三相應，遭遇艱難時，自然會想到向九三求援。但是九四這一道藩籬，當九三上進時，會加以阻止。同樣當上六向下時，也會阻擋其活動。即使上六想要勉強衝破藩籬，畢竟不如九三那樣壯健。九三只是羸其角，上六卻連身體都深陷其中，以致不能進、也不能遂其所願。無論進或退都將失利，所往皆無利，所以說「无攸利」。若是上六自覺不能以大壯自任，在艱難中求自保，守正待時，尚能吉祥。

（上六爻變為大有卦䷍）

大壯 34 ䷡

上六，羝（ㄉㄧ）羊觸藩，不能退，不能遂，无攸利，艱則吉。

上六當位，處於羊角的位置。由於與九三相應，當上六下行時，遭遇九四這一道藩籬的阻擋。有如公羊觸藩，既不能退，又不能遂其所願地與九三相合。無論如何，總是无所利。處在上六的情境，最好明白艱難時可以守正，禍害便不致長久，所以反而吉祥。

在艱難中明哲保身，尚能吉祥

1 大壯（䷡）之時，最忌過剛。初九「征凶」，九三「用罔」，以及上六「无攸利」，主要關鍵，即在初九、九三過於剛強，而上六則是缺乏剛強的力量，可謂過猶不及。「不及」和「過」，兩者同樣不利。

2 大壯卦（䷡）的要旨，在於喚醒人類，必須效法天地之道。季節的變化，有一定的規律。人生的歷程，同樣也有起有伏。如何在大壯之際，預先做好衰落時的自保準備，不致怨天尤人、喪失存活的勇氣，這才是明智之舉。

3 大壯卦（䷡）的卦象，初、二、三、四都是陽爻，顯示全卦陽已過半，有盛大無比的象徵。而上面的兩陰爻，對於陽氣的持續上升，實在是無力抵擋。在這種情況下，應該可以想像得到：大壯的氣勢已將盛極而衰，必須充分警惕。

4 人類近兩百年來，深信人力可以勝天。科技快速發展，似乎有大壯的盛勢，但我們似乎可以預見即將盛極而衰的景象。如何及早預做準備，以求保存實力，值得我們深思與重視。

5 科技發展對人類的生活有所助益。但是效法天地之道，是科技發展所不可違背的信念。如何以易理指引科技發展，促其走上正道、做出合理的貢獻，實在是現代人的當務之急。

6 大壯卦之後是晉卦（䷢），提醒我們處於大壯的榮景時，也應當照顧弱小，將豐盛的物資與眾人同享、溫暖大眾。切勿只顧自己、不顧他人。倘若過度浪費，而導致通貨膨脹。那就只能自作自受，自己承擔不良後果了。

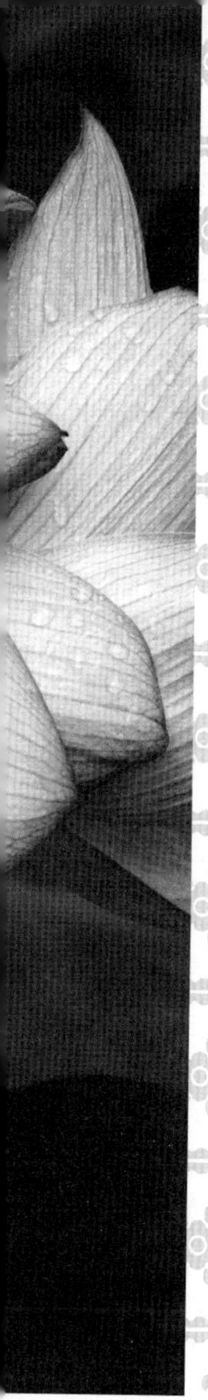

《第十章》

為什麼
要用九和用六？

六十四卦，說起來不外用九與用六，
一陰一陽，反正不是用六，便是用九。

乾卦的初到上，全都是用九，
坤卦自初爻到上爻，無一不是用六。

九是奇數，所以初九、九二和九五當位，
六為偶數，因而六二、六四，與上六也當位。

一卦中奇數爻用九，偶數爻用六的，
全卦都當位，那就是唯一的既濟卦。

而全卦六爻，全都不當位的，並不多見，
只有未濟卦，自初六到上九，完全不當位。

其餘六十卦，都是陰陽交錯，
有的用九，有的用六，而且不一定當位。

一、六十四卦不用九即用六

《易經》六十四卦，總共三百八十四爻，不是用九，便是用六。乾卦（䷀）六爻皆陽，自初九到上九，無不用九；坤卦（䷁）六爻皆陰，從初六到上六，全都用六。陽代表奇數，「九」是陽極的象徵。初、三、五三爻，為奇數位，以陽爻為當位。無論哪一卦，初九、九三、九五均為當位。陰代表偶數，陰爻居於二、四、上爻，也就是六二、六四、上六，都稱為當位。反過來說，初六、九二、六三、九四、六五、以及上九，都是不當位的爻。

乾卦用九，「見群龍无首，吉。」乾卦這一句話，適用於初九、九二、九三、九四、九五、上九各爻。並且以乾卦六爻的爻辭為基準，分別為初九，「潛龍勿用」；九二，「見龍在田，利見大人」；九三，「君子終日乾乾，夕惕若厲，无咎」；九四，「或躍在淵，无咎」；九五，「飛龍在天，利見大人」；上九，「亢龍有悔」。各卦中的陽爻，都可以用來當做參考。

坤卦用六，「利永貞」。坤卦這一句話，同樣適用於各卦的陰爻，共同以長久的貞正為基礎，再參照坤卦各爻的提示，分別為初六，「履霜，堅冰至」；六二，「直、方、大、不習，无不利」；六三，「含章可貞，或從王事，无成有終」；六四，「括囊，无咎无譽」；六五，「黃裳，元吉」；上六，「龍戰于野，其血玄黃」。以觀卦（䷓）為例：初六童觀，要增強「履霜」的警覺性；六二闚（ㄎㄨㄟ）觀，重在「不習无不利」；六三觀我生，以「无成有終」為決定進退的依據；六四利用賓于王，以「无咎无譽」為原則；九五觀我生，有如「飛龍在天」；上九觀其生，可免「亢龍有悔」。

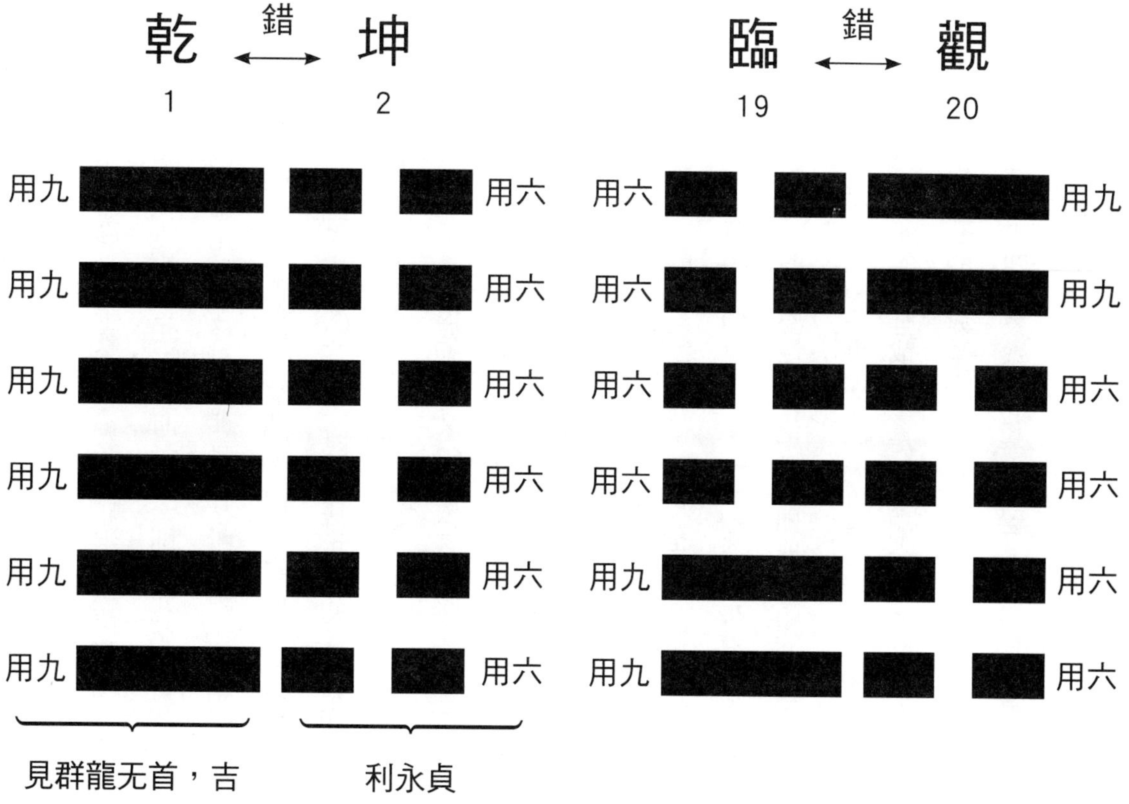

乾 錯 坤
1 2
臨 錯 觀
19 20
用九
用六
見群龍无首，吉
利永貞

二、象數理由用九用六構成

乾卦（䷀）〈彖傳〉中記載：「大明終始，六位時成，時乘六龍以御天。」「始」即是元亨利貞的「元」，而「終」則為元亨利貞的「貞」。「終始」的意思，便是貞下起元。不終，哪裡有始？所以說「終始」，而不說「始終」，表示所重在「終」。我們常說人生以求得好死為目標，便是重視善終的意思。不貞，就無以為元，可見一生一世，時刻保持正當的操守至關重要。「明」表示明白，「大明」便是深深地明白。明白什麼呢？明白這種貞下起元、慎始善終的道理。「六位時成」，是指乾卦六爻，各依其所處時位，合理地完成潛、現、惕、躍、飛、亢的特性。「六龍」象徵乾元創造萬物的歷程，可大略分為六個階段。「御天」的意思，是透過用九來執行天德。因為天道的變化之中，包含了不變、變易和交易的成份。必須知所依循，才叫做「大明」。

坤卦（䷁）〈彖傳〉的「至哉坤元，萬物資生，乃順承天。」必須和乾卦〈彖傳〉的「大哉乾元，萬物資始，乃統天」，配合起來看，才能明白「牝馬地類，行地无疆，柔順利貞」的重要性。牝馬具有坤地柔順的美德，而无疆則是坤地最大的責任。唯有發揮牝馬的柔順特性，才能完成坤地无疆的遠大責任。而其主要關鍵，即為利貞。坤元的「至哉」，是為了配合乾元的「大哉」。所以柔順利貞，便是用六「利永貞」的不變基因，不可變易。

用九和用六，成為六十四卦象數理的基本因素。卦名是當時的特殊情境、卦辭是每一卦的特性、彖辭則更進一步加以解釋。大象將六爻還原成三爻的八卦。小象說明六爻的爻辭，主要依據，則離不開用九和用六，必須用心加以領悟。

遯ㄉㄨㄣˋ

33

不當位

用九（亢）　上九，肥遯ㄉㄨㄣˋ，要避免亢龍有悔的不幸。

當位

用九（飛）　九五，嘉遯ㄉㄨㄣˋ，要保持飛龍在天的優勢。

不當位

用九（躍）　九四，好遯ㄉㄨㄣˋ，要有或躍在淵的準備，才能割捨。

當位

用九（惕）　九三，係遯ㄉㄨㄣˋ，要抱持夕惕若厲的心情，才能免厲。

當位

用六（不習）　六二，執遯ㄉㄨㄣˋ，要加強不習无不利的堅定性。

不當位

用六（履霜）　初六，遯ㄉㄨㄣˋ尾，要增強履霜堅冰至的警覺性。

三。乾坤變化造成各種情境

乾元是萬物的創造力，代表了天的全德。乾為天，我們仰望天空，發覺天不過是一種形體，有時晴空萬里，簡直空無所有，所以才叫做「天空」，其主要作用在於「元」。「元」是什麼？「元」就是創造萬物的力量。「元」包含「亨、利、貞」，所以乾元的總稱，即為「元、亨、利、貞」，成為天的全德。「乃統天」表示天底下的所有創造，都由乾元來統一處理。當我們有所發明、發現、發覺時，都會衷心感謝天的恩賜，便是因此而來。

坤元是完成乾元創造萬物的配合力，以牝（ㄆㄧㄣˋ）馬的貞操，來落實天的全德。萬物因乾元而創生，卻由坤元而亨通。〈文言傳〉說：「坤至柔，而動也剛，至靜而德方，後得主而有常，含萬物而化光。坤道其順乎？承天而時行。」坤代表大地的精神，安靜時極為柔順，動起來卻十分剛強。地只要稍有震動，就會成為令人類驚慌失措的地震。坤卦（䷁）六爻皆陰，象徵至柔，看似不如乾卦（䷀）剛健，但在耐力方面則勝過乾元，所以說柔能克剛。地是最靜的，具有既方且正的美德，所以說「至靜而德方」。坤元的精神，貴後不貴先，追隨在乾元之後，以乾元為主，而坤元為伴，便合乎常道。大地厚德載物，無所不包，無所不容，其化育的功能廣大無邊，能夠「含萬物而化光」。「光」就是廣大，像光遍照大地一樣。坤元的特性是柔順。大地生長萬物，無不順天時而行。我們說「乾坤易之門」，便是乾元和坤元密切配合，產生各種不同的變化，造成不相同的情境，使萬物能各得其所，人類的生活也因而多彩多姿。

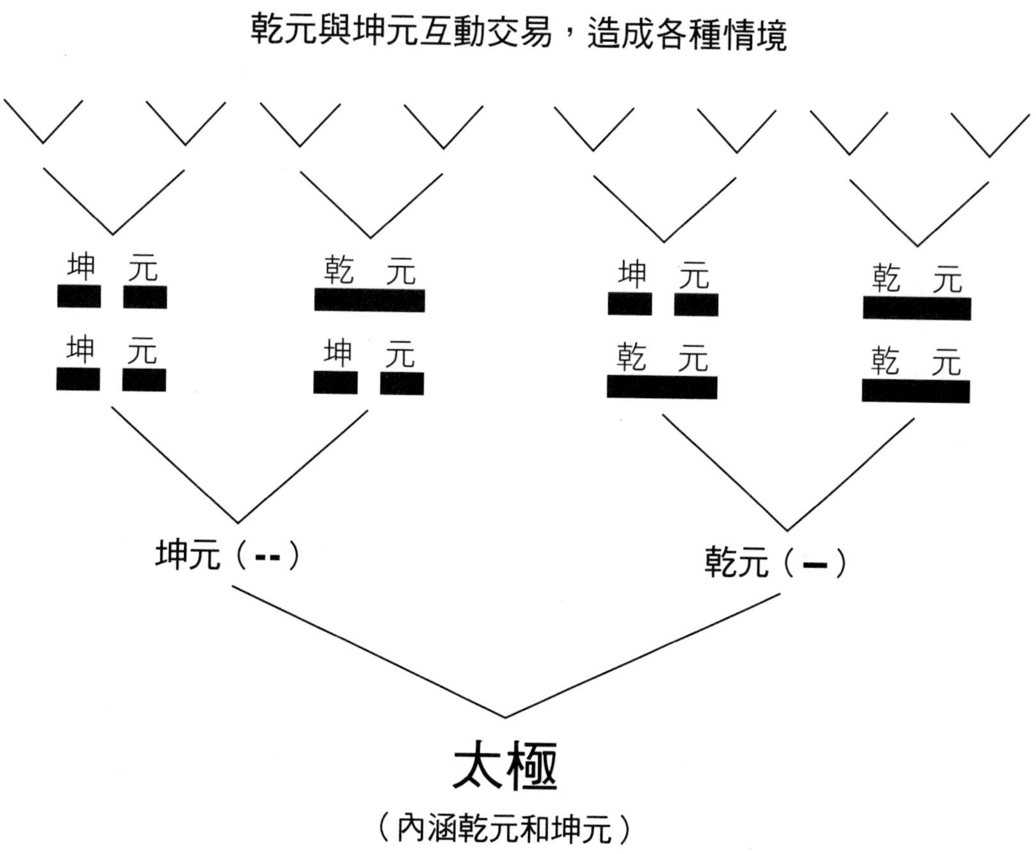
乾元與坤元互動交易，造成各種情境
坤 元
乾 元
坤 元
乾 元
坤 元
坤 元
乾 元
乾 元
坤元（--）
乾元（–）
太極
（內涵乾元和坤元）

四、乾元坤元一而二二而一

一陰一陽之謂道，是天地萬物共同的準則。不但普遍流行，而且永不變易。乾元和坤元，都是太極的內涵。既是一體，也是兩面。所以說兩者是「一而二、二而一」，難分難解，永不分離。乾元中有坤元，坤元中也有乾元。

譬如觀卦（䷓），九五在尊位，以觀我生的美德，居上巽（ㄒㄩㄣˋ）的中位，為萬民所瞻仰。與乾卦（䷀）九五，「飛龍在天，利見大人」，呈現出同樣的景象。比照坤卦（䷁）的六五：黃裳元吉，也是潛在的一面。有飛龍在天的氣勢，加上黃裳元吉的修養，必然會成為萬民所尊敬、瞻仰的有德明君。

臨卦（䷒）六三：「甘臨，无攸利。既憂之，无咎。」六三居下兌（ㄉㄨㄟˋ）最上位，「兌（ㄉㄨㄟˋ）」為悅，以花言巧語、甜言蜜語來取悅大家，結果討好每一個人，卻落得討好不了任何人的惡果，當然无所利。既然看到這種危機，有了憂患意識，就會想起坤卦六三：「含章可貞，或從王事，无成有終。」陰柔雖然是美德，卻應該含蓄隱藏。大地生育萬物，而歸功於天，甘與苦不過是一念之差，六三變九三，臨卦就成為泰卦（䷊）。六三不當位，又陵乘在初九、九二兩陽爻之上，難免沾沾自喜，所以「甘臨」。若能秉持乾卦九三：「君子終日乾乾，夕惕若厲，无咎。」當然就能由「无攸利」轉為「无咎」，何等方便！

各卦六爻，不是乾元，便是坤元。我們不要忘記兩者一陽一陰，以顯或隱的方式呈現出來。實際上顯秩序要兼顧隱秩序，反過來也是一樣。這種「一而二、二而一」的思維，解卦時切不可走偏，誤認為「一就是一、二便是二」，那就不夠周全而有所偏失了。

一陰（坤元）一陽（乾元）之謂道

陽中有陰

（乾元之中有坤元）

陰中有陽

（坤元之中有乾元）

一體兩面

孤陽難以落實

孤陰缺乏指引

一而二、二而一

說是一，

內涵二。

說是二，

實為一。

天下之動，貞夫一者也

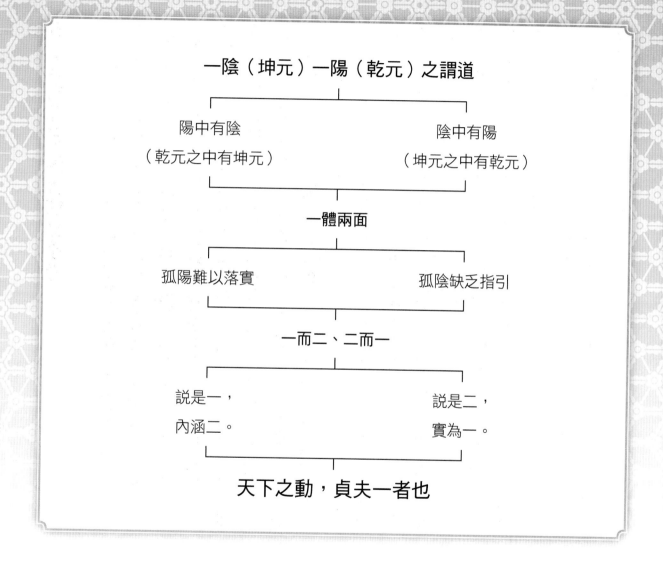

五、爻象動乎內吉凶見乎外

〈繫辭下傳〉說：「夫乾，確然示人易矣；夫坤，隤然示人簡矣。爻也者，效此者也；象也者，像此者也。爻象動乎內，吉凶見乎外。功業見乎變，聖人之情見乎辭。」「確然」指乾的剛健，「隤然」即坤的柔順。「易」是平易，「簡」為簡易。乾道造化自然，以其剛的性質和形態，為人們展示平易的道理。坤道應乎乾而成物，以其柔順的性質和形態，向人們展示簡易的功能。爻有剛柔奇偶，仿傚乾坤陰陽變化的形態。卦象依乾坤之道，象徵陰陽消息的狀態。吉凶未見而爻象先動，所以說「爻象動乎內」。爻象既動，吉凶也會隨之顯現，因此「見乎外」。見到吉凶的變化，知所趨避，可以建功立業。聖人的仁民愛物心情，躍然於卦爻辭之中。

「吉、凶、吝、悔、无咎、厲」，並不是用來鐵口直斷的用語，其真正用意，乃是透過彖、象爻的表現，帶給我們行事是否合乎自然的警示。〈繫辭上傳〉說：「吉凶者，言乎其失得也。悔吝者，言乎其小疵也。无咎者，善補過也。」用九和用六互動，有調和，也有違逆；有合乎自然規律，也可能違反自然法則。對人而言，依循易理而行，有所失為凶，也就是言行不合乎中道的要求。有所得為吉，表示有所悟而走上中道。悔與吝，一為發自內心的悔改，一為僅止於口頭上的借故支吾，所以即使同樣是「小疵」，也就是小過失，但結果並不相同。「悔」可以趨於吉，而「吝」則終必凶。「无咎」是指犯過失時，能夠善補過，十分難得。「厲、无攸利、无不利、利涉大川、利見大人」等等，也都屬於警語，可以透過用心悔改而得到改變。

占卜的判斷用語

- 吉：吉祥
- 凶：凶險
- 悔：後悔
- 吝：羞辱
- 无咎：善補過，沒有災難
- 厲：危險

不能用來鐵口直斷，因為都是可以變動的

既然人有創造性和自主性，
命運就不可能是固定不變的。
有一些可以改變的彈性空間，
必須由自己努力加以改變。

- **爻象，動乎內**：吉凶未見爻象先動
- **吉凶，見乎外**：爻象既動吉凶隨即顯現

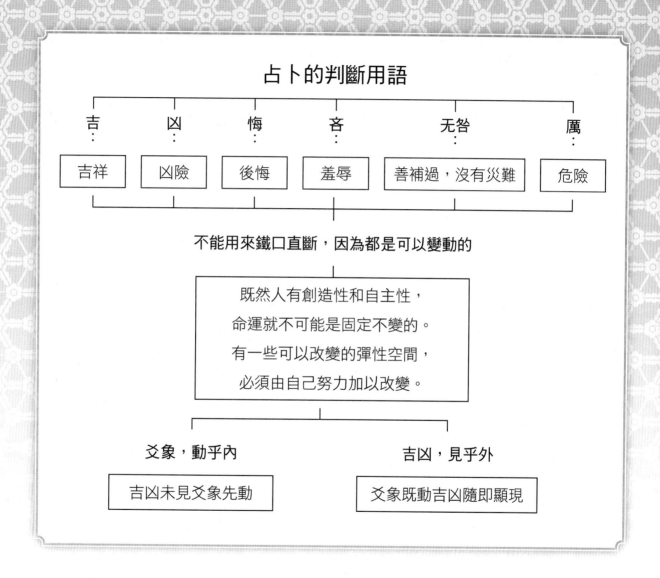

六．依象作器物以理辨吉凶

〈繫辭下傳〉指出：「古者包犧氏之王天下也，仰則觀象於天，俯則觀法於地，觀鳥獸之文，與地之宜，近取諸身，遠取諸物，於是始作八卦。」接著又說：「包犧氏沒，神農氏作，斲木為耜，揉木為耒，耒耨之利，以教天下，蓋取諸『益』。日中為市，致天下之民，聚天下之貨，交易而退，各得其所，蓋取諸『噬嗑』。」還有，挖空樹木做成船，砍削樹木做成槳，取象於「渙」卦。用牛駕車以運載重物，人自己騎著馬，方便遠行，取象於「隨」卦。人死後用棺槨殯葬，取象於「大過」卦。凡此種種，都是聖人看了卦象以後，心中有所領悟。而用以製作器物，應用於日常生活之中。不但造福人群，而且不致破壞大自然，實在是非常高明。

〈繫辭傳〉幾次提出「自天佑之，吉无不利」，提醒我們必須順乎自然、採取實際的行動，才能獲得上天的庇佑，而趨吉避凶。譬如觀卦（䷓）初六：「童觀，小人无咎，君子吝。」為什麼同樣是幼稚的觀點，對小人「无咎」，對君子卻「吝」呢？因為小人無知是必然的，和這種人計較，顯得既沒有肚量，又缺乏見識。小人本來就這樣，又何必大驚小怪呢？但是負有教化責任的君子，倘若觀點也同樣幼稚無知，那就是不識大體，令人覺得鄙吝了。

《易經》象數理的連鎖作用，便是從卦象和爻象之中，看出用九和用六的各種互動關係。然後心中有數，尋找所展示的思路，說明其所以如此的道理。然後再按照所透露的理則判斷吉凶，採取趨吉避凶的策略。自己做好合理的調整，也感謝上天的庇佑，真正做到「自天佑之，吉无不利」。

心中有數

依象作器物

設文物制度，無為而治，取象於乾、坤。
用樹木做成船和槳，取象於渙。
以牛駕車運載重物，人自己騎著馬，取象於隨。
設置多重門戶，巡夜防盜，取象於豫。
以舂臼舂杵搗米做成食物，取象於小過。
用木頭製成弓箭以威服天下，取象於睽。
建木屋以防止風雨侵襲，取象於大壯。
用棺槨作為殯葬方式，取象於大過。

以理辨吉凶

由卦象和爻象，
看出其中用九和用六的互動，
以及相互之間的各種關係，
然後心中有數，
尋找所展示的思路，
說明其所以如此的道理，
然後再根據所透露的理則，
來判斷吉凶。

象數理合在一起，發生連鎖作用

我們的建議

1 《易經》的主要功能，在依數而推理。並且依理而行，觀其後效，再進行調整。務求尋得此時此地的合理平衡點，並付諸實踐。至於最後結果如何？都應該樂於承受。

2 我們知道數由心生，所以常說心中有數。而象從數出，不同的人，站在不同的角度，來看同一現象，所看出的結果未必相同。我們可採求同存異的方法，找出共同可以接受的理。

3 所有的變化，先起於內在的「數」，然後表現於外在的「象」，而我們必須推出存乎其中的「理」。西方人重視行為，我們更重視行為背後的真正動機。但是動機看不見，所以要借重象數理的連鎖作用來加以推斷。觀象明理、窮理推數，是我們常用的方法。戲法人人會變，巧妙各有不同。

4 伏羲氏一畫開天，「一畫」是數，而「開天」即為象。兩儀組合成八卦，因卦演數，由數定象。若要明白變化的道理，就必須瞭解數和象的關係。象數的變化無窮，而理就蘊含於其中，實在不可不明。

5 古人以讀書明理為畢生的重責大任，自然象數理三者並重，不能偏忽。後來有些人偏象數，有些人專重理。現代人正本清源，當然要象數理兼顧並重，以發揮其連鎖作用。

6 觀象、明理、知數，各有其要旨。最好是能夠平心靜氣、細心觀察、用心玩賞，並且精心研判。透過研讀易學，來強化自己的品德修養，應該是最大的收穫所在。

結語

〈繫辭上傳〉明白指出：「易有聖人之道四焉：以言者尚其辭，以動者尚其變，以制器者尚其象，以卜筮者尚其占。」《易經》的卦辭、爻辭，可以用來做為議論的依據；《易經》的變化，能夠當做具體行動時的準則；《易經》的形象，常常成為製造器具時的摸擬對象；而《易經》的占斷，則不妨用來占卜，以決定趨吉避凶的策略。

象、數、理、占是易學的四大功能，為什麼本書只談「象數理的連鎖作用」，卻不提「占卜」呢？是不是把占卜視為迷信而不去談論它呢？答案並非如此。占卜有其功能，且《易經》是一本占卜用書，這是不能否認的事實。但是在占卜之前，必須做好充份的心理準備，先把象數理的基礎打好，再考慮以占卜，以增強對《易經》的興趣和認識，或是透過占卜，來探索自己當下的處境，尋求化解的途徑，使占卜的利為我所用，而不被占卜的解所誤，這才是真正懂得占卜的道理，可以放心地進行占卜了。最好的方式，是自己占卦自己解，因為只有當事人，最明瞭卦的內涵與可行的化解之道。畢竟一人做事一人承擔，自己的命運必須由自己掌握，訴諸他人畢竟不是安全可靠的辦法。自作自受，是大自然的規律，即使占卦也不能例外。雖然命運可以改變，但最好的方式，是由自己來改變，不方便交給他人，如此才是正道。

關於怎麼占卜？如何解卦？相關問題我們將在另一本書中詳細說明。換句話說，時辰到了就會說，這才是易學的根本要求。時義大矣哉！我們不能不遵守。

〈繫辭上傳〉說：「是故君子所居而安者，易之序也；所樂而玩者，爻之辭也。是故君子居則觀其象而玩其辭，動則觀其變而玩其占。」「居」和「動」是相對的狀態，一靜一動，所以君子平日想要心安理得地生活，最好多看〈序卦傳〉，從六十四的安排順序中，深入體會循環往復、終而復始、周流不息的自然規律，使自己的思慮，得以有條理而不紊亂。君子所喜愛而細心揣摩的，是各卦的卦辭和爻辭，當然還要加上彖辭和象辭，來進一步探究卦的根本意義，以及在人事方面的有效運用。所以君子平日觀察所得的物象，以及玩賞、揣摩所得的爻辭心得，在行動的時候，便要真正地發揮出來，以求能夠學以致用。透過占卜，觀察六爻的剛柔變化，玩味所占得的爻辭，以決定趨吉避凶的策略。務求不動則已，一行動就合乎天地自然的規律，如此才能「自天祐之，吉无不利」。

「用、勿用、利用」，常出現在彖、爻辭當中，做為表示「吉、凶、悔、吝」的專用名詞。六十四卦之中，彖辭出現「亨」的有三十八卦，出現「利」的有四十二卦；但是爻辭中出現「利」的很多，出現「亨」的卻極少。這很可能是在提示我們：就天地自然來說，根本沒有什麼不利的情況，只有人事現象，才會引起「亨」或「不亨」、「利」或「不利」的感覺。人有獨特的感覺，而大自然並沒有。易學最偉大的貢獻，應該是提示我們——人處於「吉、凶、悔、吝」的感覺之中，最好能夠及早省悟，瞭解人唯一能夠完全掌握的，便是自身的道德修養。「我欲仁，斯仁至矣」，人生在世，唯有道德修養是可以完全憑藉自身的努力，不必倚賴外力就能達成的。而其他種種，只要有可以掌握的部份，便相對有無法控制的部份。常言道「盡人事以聽天命」，實際上「盡人事」的關鍵因素，就在於盡全力提升自己的品德修養、憑良心做人做事。有鑑於此，我們的下一本書將要探討「道德是最佳信仰」，敬請多多指教，為幸。

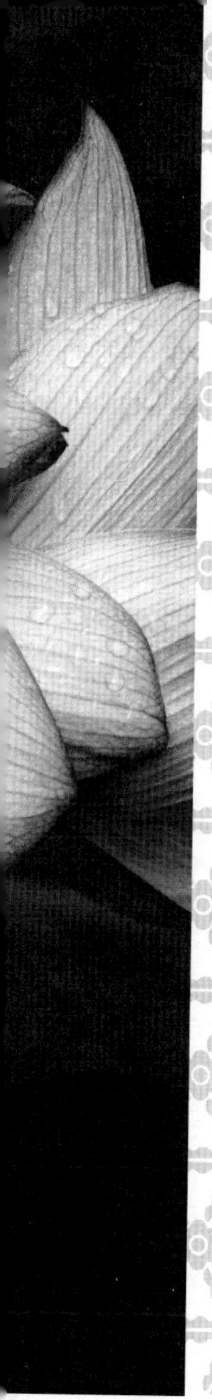

《附錄》

乾元與坤元的交互互動

一、大哉乾元與至哉坤元的本質

孔子提出「太極」的概念，在〈繫辭上傳〉中明白指出：「是故易有太極，是生兩儀，兩儀生四象，四象生八卦，八卦定吉凶，吉凶生大業。」「太極」代表宇宙最初、渾然一體的元氣，是萬物的共同源頭。換句話說，一切的一切，都是由太極所發展出來的。成千上萬的科學家，都在積極地尋找宇宙萬物的根源。無論進展到什麼地步，無非是更加接近太極，如此而已。太極既然是原始的元氣，所以就稱之為「元」。

在《易經》的卦辭中，直接點出「元、亨、利、貞」的，有乾（䷀）、坤（䷁）、屯ㄓㄨㄣ（䷂）、隨（䷐）、臨（䷒）、无妄（䷘）、革（䷰）等七卦。孔子特別在乾卦的〈文言傳〉中，說明：「元者，善之長。亨者，嘉之會。利者，義之和。貞者，事之幹」，並鼓勵：「君子體仁足以長人，嘉會足以合禮，利物足以和義，貞固足以幹事」。「元」為元始，在元始之前，並沒有任何事物。「元始」便是始生萬物，對宇宙、人生來說，都是最大的善德。「長」是大的意思，「善之長」即為最大的善德。始生萬物是天地的仁心，君子體會仁心，便足以成為人們的尊長。「亨」是亨通，「嘉」即為美，「會」則是聚合的意思。「嘉之會」，表示天地生物，分佈各地，把它們聚合起來，互通有無，對大家都是美事。聚合在一起，必須以「禮」做為共同規範。美好的聚合，便是合乎禮儀的最佳表現。「利」指互利互惠的和氣，方為共同的利益。「義」的意思，是人我兩利，大家都適宜。「利物」實際上即為「利人」，因為物的背後如果沒有人，根本不可能聚合交易。「利物足以和義」，便是和諧地促成萬物的合理交易，對人對物都有好處。「貞」為正，人天生有正直的自性，只要不受後天環境的污染，堅持正直的操守，便足以把事情處理妥當。天地萬物，都有「元」，既然以乾、坤做為代表，就用「乾元」和「坤元」來加以貫串。《論語・里仁篇》記載孔子自稱：「吾道一以貫之。」和太極內涵乾元與坤元，兩者合而為一，貫穿天下萬物，成為共同的根源，具有十分密切的關係。

〈文言傳〉分別指出：「大哉乾元，萬物資始。」、「至哉坤元，萬物資生。」「大哉」和「至哉」，兩者之間有何不同？依《易經》通例，「陽」為大而「陰」為小。扶陽抑陰的真正用意，並不是陽尊陰卑，在尊貴和卑賤之間做文章，而是加強陽的責任，使其時時刻刻，都能做為陰的表率、典範，不敢稍有怠忽，以免失責。

陽為大，「乾」是陽的代表，所以稱「乾元」。乾元大哉，那坤元豈非小哉呢？陽大陰小，對易學而言，原本十分習慣。然而大小對舉，難免引起困惑，甚至造成誤解。更何況乾元和坤元之間，又有一種主伴的關係，必須在此處彰顯出來，所以「大哉乾元」之後，並不說「小哉坤元」，而是說「至哉坤元」。「至」的意思，是承接乾元的先發，而坤元才全心全意地後至。「先發後至」表示乾元的理想，是交由坤元來達到完全落實的境界。「至」有到達的作用，以乾元的理想為目標，因為它是萬物創始的資本。天的乾陽之氣，即為乾元。乾陽之氣成形，才稱為「生」。所以坤元之氣，是萬物生成形體的資本。「大哉乾元」，萬物依靠它而始；「至哉坤元」，萬物依賴它而生。乾元、坤元互動，萬物始生，合乎「一陰一陽之謂道」的要旨。

二、乾卦用九和坤卦用六的由來

乾卦（䷀）和坤卦（䷁），分別在六爻的爻辭和小象之後，多出一個「用九」和「用六」，它既不是爻辭，也不是彖辭，而是對於乾卦用九、坤卦用六，做出一個各卦通用的總結。

當然，很多人對於用九和用六的由來，各有不同的看法。因為伏羲氏畫卦時，根本就沒有文字，可以說是一部無字天書。後來各自有所領悟，倘若依據歷史所記載的資料加以比對，很容易推知古代《周易》有好多種版本，再加上時間久遠，更增加考證上的困難。我們最好不要抱持成見，認定非哪一種看法才正確，而是要更加寬容地加以模擬推測，以求較為接近事實的原貌。

「爻」的主要用意，在告訴我們一切都在隨時變動，而且占卦的時候，七、八不變，而六、九必變。我們從乾卦六爻「潛、現、惕、躍、飛、亢」的變化歷程中，可以明白到了「亢」的地步，就會招致災禍，所以說「亢龍有悔」。陽數由一、三、五、七、到了九，便陽極而成陰。因而在乾（陽）卦六爻之後，特別加註：「用九，見群龍无首，吉。」提醒大家《易經》扶陽抑陰，當陽過亢時，必然亢龍有悔而變成陰。乾卦六爻俱陽，有過剛之虞。最好的辦法，即是在不同的階段，發揮不同的特性，並取得一致的共識，不到走到乾卦的首（頭頂），以免過亢而有悔。歷經「潛、現、惕、躍」的奮鬥，好不容易「飛」起來，此時便要適可而止，避免再往上衝，以期持盈保泰，而安然善終。「潛龍」只是慎始，還要加上「飛龍」不沖昏了頭，能夠止於至善而不高亢，才能達到境界更高的「善終」。我們常說「上台（潛而現）容易，下台（飛不亢）難」，充份顯示出

「用九」的智慧。上台靠的是機會，所以「潛」時務必要增強實力、準備充足、守時待勢。一旦機會來臨，便趁勢登上台面、鯉躍龍門；但是下台時卻必須靠智慧，因為飛龍在天，享盡了騰雲駕霧的樂趣，而且擁有翻雲覆雨的權勢，往往使人忘卻「自性」，卻妄加「自信」，以為自己已經與天合一，不需要再敬天、事天、順天，因而自我放縱。此時只要稍有不慎，必然是亢龍有悔，難以挽救了。

而「用六」為什麼能「利永貞」呢？依據《易經》通例，「陰」象徵小人，主要是陰柔的動作，很容易入邪。我們從姤卦（䷫）來看，不過是一陰侵入乾卦（䷀）的初爻，爻辭便立即提出「繫于金柅」的警告，提醒群陽「小人之勢不可長」。倘若初六得進，所有小人便趁勢相招而來，必須設法使六二、六三諸小人，無法被牽引而進，否則接下來便是遯卦（䷠），有許多人見時勢轉為不利，覺得事不可為，而生出退避以求遠禍的心態。再下去便成了否卦（䷋），卦辭直接點出：「否之匪人，不利君子之貞。」大為陽為君子、小為陰為小人。小人群聚在內坤（☷）掌握實權，君子則是退隱在外乾（☰），此種形勢對守正的君子而言非常不利。否不了多久，便是觀卦（䷓）。我們從卦序的排列，可以看出觀最好由臨（䷒）而來，才有觀瞻的示範作用。若是不幸由否而觀，那就只能觀望而難以有所作為了。因為再下去由觀而剝（䷖），就只剩下一個空殼子，若是無法碩果僅存，還保留那麼一點仁心的話，很可能什麼都完了！聖人有鑒於這樣的危機，才鄭重地為用六提示了簡單明瞭的三字戒「利永貞」，意指無論陰爻如何變化，都必須永久保持合理的貞操，對自己和整體而言，才是有利的發展。

三、用六與用九保持合理落差的理由

為什麼用九可以「見群龍无首吉」，而用六只能「利永貞」呢？這是因為乾元的主要功能在「創造」，而坤元的主要性能則是「追隨」。乾卦〈彖傳〉指出乾元可以統天，而坤卦〈彖傳〉卻認為坤元只能順承天。依《易經》通例，陽統陰，「統天」實際上就是「統天地」。我們到蒙古大草原放眼望去，但見天能包地，而地卻不能夠包天，所以「陽為大」，是觀察自然景象後所獲得的啟示。「大哉乾元」，原來是「天包地、陽統陰」的一種描述。坤元順承天，必須以乾元為主，自己扮演做伴的角色，追隨到底，因此應該「利永貞」，以求徹頭徹尾，永遠不失坤道的柔順。

往昔乾與坤的關係稱為「主從」，現代則有一些改變，稱為「主伴」。這種改變，實際上是由於後人過份強調乾元的主體性，竟然忘記「用九，見群龍无首，吉。」的警語，以致把乾捧得太高，造成很大的反感，這才稍為低調一些，改稱為「主伴」。

〈說卦傳〉指出：「乾，健也。坤，順也。」「乾」為了創造，必須剛健、有衝勁。「坤」為求確實執行，使理想得以落實，應該要柔順、肯隨從。又指出：「乾為首，坤為腹。」意指「乾」有頭部的象徵，「坤」有腹部的象徵。我們都知道：頭部指揮腹部，而腹部吸收營養，供應頭部的需要。〈繫辭上傳〉說：「乾知大始，坤作成物。」乾陽的作為，表現在開始創造萬物。坤陰的作為，則在孕育生成萬物。又曰：「夫乾，其靜也專，其動也直，是以大生焉。夫坤，其靜也翕，其動也闢，是以廣生焉。」乾陽剛充沛，安靜的時候專一不雜，運行時卻又能夠直往不撓，靜能專一而動能剛直，是乾元剛大的特性。坤陰柔順從，靜止時收斂，而運動時開展，具有廣大寬濶的特性。我們常說「頂天立地」，為什麼天要用「頂」，而地卻要「立」呢？因為人生在世，必須先有立身之地，倘若腳無片地，請問怎麼能夠頂天？《易經》所言「天尊地卑」，完全沒有看輕地的意思。「尊」為高，「卑」即下。我們放眼看去，天高高在上，所以說「天尊」。低頭看地，就在自己的腳下，因此說「地卑」。原本「天尊地卑」只是描述高下之分，後來卻被僵化為貴賤之別，實在無此必要。一卦六爻，分居六位。其中初、三、五是陽位，稱大為貴，無非表示「陽」的性質；二、四、上是陰位，稱小為賤，也在象徵「陰」的特性。不能因為人類愈演愈烈的貴賤觀念，而扭曲了原本的意思。倘若二、四、六、八、十都賤，請問現代人樓高動輒幾十層，住在偶數層的人，難道都成了賤民？但不可否認的是，尊卑、高下、貴賤的概念，自漢朝以後，有愈來愈被扭曲的情形，造成很多不合理的現象，令人十分失望。

我們走路時，不是先出右腳，便是先出左腳，不可能左右兩隻腳同時並舉、一齊行走，真的要這樣，豈不成了僵屍！有人先出左腳，有人先出右腳，悉聽尊便。然而，當群眾聚集在一起，編排成隊伍時，為求行進間的整齊劃一，必須統一規定，當聽到「起步走」的口令時，應該要同時先出右腳。此舉並非賤左貴右，或卑左尊右，而是因為大多數人慣用右手，以致右手、右腳比較靈活，所以才會如此規定。看來用六「先迷失道，後順得常」，提醒我們扮演追隨者的時候，必須合理地尊重先行者，因為先行者具有確實定位、明確定向、對準目標的重大責任，不能不特別加以尊重。

四、各卦的象數理無不用九用六兼顧並重

乾元剛健尚動，不可以固定在一個位置上。「用九，見群龍无首，吉。」便是指出乾元適合隨時變動位置，以求適時創造。而坤元柔順尚靜，才能發揮无疆的坤德，不可以固定在一個時間點上面。乾元時中有位，好比男人的身體，重心在上半身，因此好動、無法久坐。坤元位中有時，就像女人的身軀，重心在下體，耐於久坐。但是一卦六爻，每一爻都有時位，宇宙中的萬事萬物，都在時位（現代簡稱為「時間」和「空間」）中活動與變化。時位相合，便產生了參差不等的數。《易經》依事物的象，乃其自身具備的時位，畫出應有的爻。可見每一卦、每一爻，都有象、有數，配合時、位的變化，把所需要的理表達出來。遠在沒有文字之先，人們便透過觀象而明理。譬如臨卦（䷒），四陰爻在上，二陽爻在下，一看便有「地在天上」的感覺。但是，地怎麼那樣厚，而天反而薄呢？由於好奇心的驅使，走近一看，發現原來是湖澤的倒影，這才領悟到不臨近觀察，就不會知道地有那麼厚的道理。原始的景象十分單純，很容易看出真實的樣子，可惜後來愈變愈複雜，使大家的腦筋也愈來愈靜不下來，面對卦象時，不知道要如何想像才合理。卦名、卦辭和〈彖傳〉、〈象傳〉，便是由此應運而生，目的是要指引大家往合適的方向去想像，以免徒然浪費心力和時間。有了卦名「臨」，我們很快就看出坤地在這裡象徵水邊的岸，只有親臨水邊，才能感覺到視察的樂趣，進而領悟出「監臨」的要領。臨的情境浮現，再由六爻當中，看出天道、人道、地道三才，各有一爻當位，也有一爻不當位，象徵監臨由於居上臨下，經常有主觀的疑慮。天道二爻與人道二爻，都是用六，反而地道二爻，都是

用九。我們站在岸邊，向下觀察水中的情景，覺得下面的變化，比水面還要大，這就提醒我們「眼見為真」這句話，未必真實可靠。初爻用九，首先提出貞正才能獲吉的態度。純正不含任何邪念，以「潛龍勿用」為顯相，而以「履霜堅冰至」為隱相，以剛德履陽位，意志與行為都純正，才是監臨的良好起點。二爻還是用九，以剛德居陰位，雖然不當位，卻居中而吉，又和六五陰陽相應，啟示我們：水底下的景象，原本應該和岸上的景象相同，不過是真實情景的倒影而已，但卻由於以剛應柔，並非順命，以致有一些變形。監臨時必須認清事實往往有扭曲的一面，才能吉无不利。三爻用六，以陰爻居剛位，象徵履非其正，表示以不正當的方式來監臨，當然看不出真相，因而无所利。依此類推，不難明白爻辭的提示，完全依據用九、用六以及相互關係所產的變化，逐一提出警語。希望大家互相比對，更能深明大義。

〈說卦傳〉說：「故易六畫而成卦，分陰分陽，迭用柔剛，故易六位而成章。」「六虛」便是初、二、三、四、五、上的位，由於爻實位虛，可以虛其位以待陰爻或陽爻，交錯地運用陽剛與陰柔，所以《易經》六十四卦，每卦都有六個爻位，可供用九或用六陰陽交錯以構成章理。〈繫辭上傳〉記載孔子的話：「夫易何為者也？夫易開物成務，冒天下之道，如斯而已者也！」《易經》是用九開創萬物，用六成就事務，包容天下萬事萬物的道理所呈現出的一部書，如此而已！

用九與用六，必須兼顧並重。在各種特殊情境下，採取或用九或用六的階段性調整，以期合理地因應，達到趨吉避凶的效果。人人皆可依象數理的連鎖作用，尋求安身立命之道。而聖人則是用易，來通曉天下人的心志、確定天下的大業、決斷天下所有的疑難。《論語・季氏篇》記載：「君子有三畏，畏天命；畏大人；畏聖人之言。」「畏」即敬畏，為什麼要敬畏聖人的話呢？主要是因為聖人精通易理，可以做為我們的良師。

五、結語與建議

天下萬事萬物，不但錯綜複雜，而且變化無窮。《易經》按照自然的景象，透過陰爻和陽爻兩個簡易的符號，設卦垂象，使我們能觀象玩辭、觀變玩占，悟出吉凶悔吝的道理，明白象數理的自然連鎖作用，為日常生活帶來很大的助益。易道廣大，從自然法則到人文法則無不包含在內，而其變化則可歸納為陰（物質）、陽（精神）、時（時機和情勢）、位（身份、地位、場合）四大要素。每卦六爻，分為天道、人道、地道三才，或用九，或用六。更神妙的是，隨人各自觀象，各有不同的理解。文辭當中吉多凶少，與「人生不如意事十常八九」這句話並不相符，這是由於聖人明瞭：人所能自行控制的，不過是盡人事，至於結果如何，最好是聽天命。因此多採取積極性的提示，鼓勵大家不要放棄任何機會。抱持著「人人是好人、時時是好時、隨處都是好地方」的想法，善盡自己的心力，但求問心無愧，因此能夠心安理得。

由於長久以來，《易經》的思維已經深植在中華民族的腦海當中，成為我們牢不可破文化基因。因此無論瞭解與否，炎黃子孫實際上都已經將《易經》的道理，普遍地應用於日常生活之中。

我們心中都有數，宇宙的一切，隨時都在變化，所以用九、用六，而不是用七、用八。觀看每一個卦象，都要具有爻變的心理準備。我們經常抱怨：「怎麼又變卦了？」便是因為我們親身經歷了太多的不確定因素，以及遇到說話不算數的人所產生的感慨。

因此，我們提出三點建議，敬請指教：

1.《易經》主張殊途同歸，而不分道揚鑣。陰陽的關係，原本就分不開。陰中有陽，而陽中也有陰，兩者如影隨形，一體兩面。人群社會各自分工合作，共同目標只有一個，那就是創造和諧的生活。所以和合精神，成為「易經民族」的共識。殊途可以同歸，分工是為了合作。

2.不可由於身受苦難，便數典忘祖。近代中國遭受種種苦難，一方面自怨自艾，一方面盲目羨慕西方，經常採取西方的觀點、站在西方的立場，指責自己的同胞，似乎樣樣都不對。經歷了全球金融風暴，喚醒了不少明智之士，認為中西文化各有長處，不應該捨本逐末，以致數典忘祖，對中華孝道造成嚴重的禍害！

3.彼此包容，互相尊重，相忍為中華民族。中華文化，自古以來便不斷接受外來的挑戰。由於易道廣大包容，具有持經達變的功能，所以流傳數千年之久，並未產生中斷的危機。深信具有易道文化基因的現代中華民族，必能發揮用九、用六的精神，彼此包容、互相尊重、相忍為中華民族，應該是現代炎黃子孫所共同努力的目標。「自天祐之，吉无不利」的榮景，即將重現於我們眼前，敬請期待。

一日易經班
6小時教你如何
讀懂《易經》
從古聖先賢的生活智慧中
學會：繼往開來、
知機應變、乾坤並濟、
與時俱進的道理
每月均有新班開課
陳祈廷 老師主講
曾仕強文化總編輯
曾仕強文化
電話：02-23611379
02-23612258
傳真：02-23319136

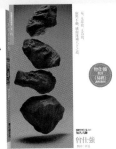

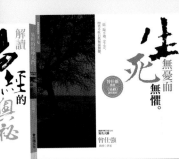

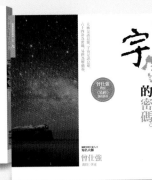

影響華人世界
最重要的推手
曾仕強教授
解讀
易經的奧祕
易經真的很容易
曾仕強
書籍洽詢專線
02-2361-1379、02-2361-2258
曾仕強文化
台灣國寶級大師曾仕強教授以獨步全球的易學解析觀點，幫助讀者輕鬆掌握《易經》簡易、變易、不易的原則，積極管理變化萬千的人生。

精選推薦
一本易想天開的絕妙經典
易經的奧祕
台灣國寶級大師
曾仕強 著
銷售突破
五百萬冊
珍藏紀念版
曾仕強文化
《易經的奧祕》
一本易想天開的絕妙經典
有些書能幫助人們開啟智慧，
這一生至少要讀一次。
讀完後，你就能明白——
為什麼孔子說：「朝聞道夕死可矣！」
為什麼經典就是經典，無可動搖！
曾仕強著　定價500元
書籍洽詢專線
02-2361-1379　02-2361-2258　曾仕強文化

《為官之道》

曾仕強解析華人的政治智慧

有人說：「人在衙門好修行。」
也有人說：「一世為官，九世牛。」
可見為官有道是修得福報的速成方法，
為官無道則是通往罪惡深淵的特快列車。

曾仕強・曾仕良著　定價：450元

《胡雪巖給年輕人的啟示》

曾仕強解析紅頂商人胡雪巖的成功祕訣

中國式管理之父曾仕強教授，
為讀者精準剖析胡雪巖一生的得與失，
從一代商聖的成功經驗與失敗教訓中，
找到你我能夠借鏡學習的致勝關鍵！

曾仕強著　定價：280元

書籍洽詢專線
02-2361-1379　02-2361-2258　曾仕強文化

中國式管理之父・台灣國寶級大師
兩岸三地狂銷500萬本《易經的奧祕》作者
曾仕強文化
粉絲專頁
手機掃描上方QR CODE
可直接連結到官方網站
facebook 搜尋 曾仕強文化
facebook
・易經學習日記專欄・
請上FB曾仕強文化粉絲專頁，一同交流分享易經學習心得。